LE LIVRE

DU

RÉPUBLICAIN

PAR

THALÈS

Comme noblesse, République oblige.
THALÈS.

PRIX : 1 FRANC

PARIS

DENTU, ÉDITEUR

PALAIS-ROYAL, 15, 17, 19, GALERIE D'ORLÉANS.

—

1881

DU
RÉPUBLICAIN

PAR

THALÈS

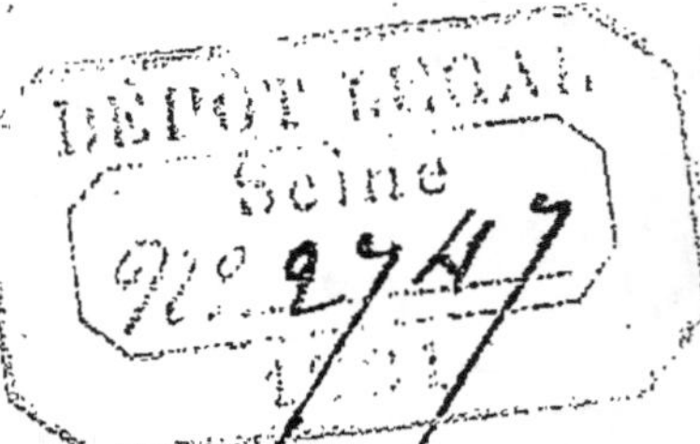

Comme noblesse, République oblige
THALÈS.

PARIS

DENTU, ÉDITEUR

PALAIS-ROYAL, 15, 17, 19, GALERIE D'ORLÉANS.

—

1881

LE LIVRE DU RÉPUBLICAIN

PAR

THALES

I

LE DÉSASTRE

En ce temps-là, au milieu des éclairs et du fracas du tonnerre, il y eut un grand bouleversement. . . . .
. . . .

Aussi loin que s'étendait la vue, la terre était couverte de sang et de débris.

Les hommes regardaient d'un œil morne leurs armes brisées, les femmes levaient leurs bras au ciel, et les enfants épouvantés se pressaient contre le sein tari des mères.

Partout régnait la consternation, dans les cités en cendres, comme dans les campagnes dévastées.

Et sur cet immense désastre on eût cru voir planer, de ses sombres ailes, l'Ange de la dernière heure.

On pensa que tout était consommé. . . . .
. . . .

II

LA VOIX D'UN SAGE

Mais au milieu de ce silence de mort, une voix s'éleva et dit :

« Au travail ! Relevons nos maisons, ensemençons nos champs...

« Laissons aller ceux qui firent cette lamentable ruine, comme aussi ceux qui en furent la cause.

« Laissons-les aller et éteignons nos haines, de peur qu'elles ne nous empêchent de travailler.

« Car la passion énerve les âmes en les surexcitant, et, sans énergie pour le travail qui doit nous racheter et nous sauver, nous péririons misérablement.

« Le front penché, concentrons au contraire tous nos efforts sur le labeur de la rédemption ! »

Et cette voix était celle d'un sage, et chacun l'écouta...........

On se mit à l'œuvre, et bientôt sur les sillons retentit de nouveau la voix du laboureur, comme dans les ateliers le bruit du marteau.

On se mit à l'œuvre, assez oublieux de ses malheurs pour n'être point distrait de son travail, assez éprouvé par le désastre pour n'en point oublier la cause.

On se souvint de cette cause pour se dire :

« Désormais, gouvernons-nous nous-mêmes ! »

III

EN RÉPUBLIQUE

Chacun alors donna pour mission à des mandataires élus de gouverner la chose commune, au lieu de laisser un seul homme s'emparer du gouvernail.

Chacun comprenait, enfin, qu'un certain nombre d'hommes bien choisis, et pour un temps seulement, offrait plus de garantie en vue de la bonne administration de la chose publique, qu'un seul homme, détourné souvent de l'intérêt de tous par l'intérêt héréditaire de sa famille.

Et la République fut.......

Et cette fois on fut sage.

Et peu à peu on vit nombre de ses adversaires s'incliner devant ce gouvernement nouveau, parce qu'il se montra si sage et qu'il n'effraya personne, quoi qu'on ait dit.

Honneur à ceux qui, les premiers, s'engagèrent dans cette voie salutaire, quels que fussent leurs préférences antérieures !

Gloire surtout à qui fut le Washington de cette République nouvelle de paix et de travail !

Il est mort : bien qu'il ne fût pas plus parfait que d'autres, on peut lui élever des statues.

L'envie s'éteint devant les morts.

Salut à tous les hommes de bonne volonté !

IV

AIMONS-NOUS LES UNS LES AUTRES !

Comme toute passion, la haine est méchante conseillère ; elle pousse à des actes mauvais, sinon au crime.

Elle porte dans l'âme l'agitation et le désordre ; en société, c'est le plus actif élément de dissolution.

Qui se dit républicain, doit la bannir de son âme, et pour la paix de lui-même et pour le salut de la République.

Qui hait, éloigne au lieu d'attirer, et le gouvernement de la République doit être le gouvernement de tous.

La haine se traduit par l'injure. Qui profère l'injure ressemble à un malheureux épileptique dont l'écume couvre les lèvres et de dégoût fait détourner les regards d'autrui.

Non-seulement ne laissez pas l'injure vous enlaidir, mais pardonnez même l'injure des autres.

L'oubli des injures est inscrit dans toute morale.

Si l'amour de la République est votre religion, prenez garde que vos rancunes ne fassent dire à d'autres : « Nous seuls possédons la bonne morale, car nous commandons l'oubli des injures. »

A vos contradicteurs n'opposez que la raison.

Par la parole songez à les persuader, par les actes à les convaincre, par l'exemple à les convertir.

A quoi bon l'injure et l'outrage? Ils ne montrent à l'adversaire que votre impuissance.

L'injure ne fut jamais un argument.

Si vous voulez faire chérir la République, prouvez à vos adversaires que vous les aimez assez pour les faire jouir de ses bienfaits.

Vous ne ferez durer et prospérer la République, qu'en attirant vos adversaires sous son drapeau protecteur. Sinon elle périra.........

Comme a dit le Christ : « Aimez-vous les uns les autres ! »

A cette condition, la République vivra.

V

LES DROITS ET LES DEVOIRS

L'homme a des droits ; le citoyen a des devoirs.

Cela résulte des trois *Déclarations* faites à la fin du siècle dernier.

Le préambule de la *Déclaration* de 1879 dit formellement :

« Que cette déclaration, constamment présente à tous les membres du corps social, doit leur rappeler sans cesse leurs droits et leurs devoirs. »

La deuxième *Déclaration*, en 1793, énumère à l'Article II les Droits de l'homme et du citoyen, qui sont l'égalité, la liberté, la sûreté, la propriété.

Mais, à l'Article X, elle dit expressément :

« Tout citoyen appelé ou saisi par l'autorité de la loi doit obéir à l'instant ; il se rend coupable par la résistance. »

La troisième *Déclaration*, celle de l'an III (1795) confirme, en les expliquant, les mêmes droits que celle de 1793.

Quant aux devoirs, elle avertit que : « le maintien de la société demande que ceux qui la composent connaissent et remplissent également leurs devoirs. »

Elle ajoute : « Tous les devoirs de l'homme et du citoyen dérivent de ces deux principes gravés par la nature dans tous les cœurs : Ne faites pas à autrui ce que vous ne voudriez pas qu'on vous fît ; faites constamment aux autres le bien que vous voudriez en recevoir. »

Elle affirme aussi ces vérités :

« Nul n'est bon citoyen s'il n'est bon fils, bon père, bon frère, bon ami, bon époux.

« Nul n'est homme de bien s'il n'est franche-ment et religieusement observateur des lois..... il doit respecter ceux qui en sont les organes. »

Elle dit encore : « Tout citoyen doit ses services à la patrie et au maintien de la liberté, de l'éga-lité et de la propriété, toutes les fois que la loi l'appelle à les défendre. »

Enfin, elle n'oublie même pas les mauvais ci-toyens qui, tout en respectant la loi écrite, por-tent dommage aux autres :

« Celui qui, sans enfreindre ouvertement les lois, a-t-elle soin d'énoncer, les élude par ruse ou par adresse, blesse les intérêts de tous ; ils se rend indigne de leur bienveillance et de leur estime. »

On voit que cette Déclaration faite par la Con-vention mourante, comme préface à la Constitu-tion de l'an III, ne méritait pas tous les anathè-mes par lesquels on les accueillit l'une et l'autre.

Quant à nous, n'ayons pas toujours aux lèvres les Droits de l'homme seulement ; car l'homme vit en société, et cette société lui impose des devoirs.

Quiconque ne remplit pas tous ses devoirs de citoyen, en obéissant aux lois, ne saurait non plus invoquer tous ses droits.

Quand on jouit du bénéfice de vivre en société, on doit aussi en supporter les charges.

En un mot, il n'est pas de droits sans devoirs.

Ce serait l'anarchie. . . . ,. puis le despotisme.

Or, écoutez!

VI

UNE PAGE SANGLANTE

En ce temps-là, un roi tomba et dans sa chute entraîna sa dynastie.

Sur les débris du trône le peuple était debout............

Dans l'ivresse de leur triomphe, quelques-uns voulurent plus que l'heure d'alors ne comportait.

Leurs aspirations étaient aussi vagues que leur impatience était grande.

Ils ne parlaient que de leurs droits, sans savoir les définir, oubliant leurs devoirs qui consistaient à attendre sagement ce qu'allaient décider les mandataires nommés par eux.

Poussés par d'adroits ennemis qui se disaient leurs amis, excités aussi par de creuses déclamations, les plus impatients abusèrent un matin des armes qu'on leur avait confiées.

Ils levèrent l'étendard de la révolte contre la représentation nationale : crime toujours exécrable, quels qu'en soient les auteurs.

La foule les suivit.

La cité se couvrit de barricades, le sang coula à flots...................

Savaient-ils au juste ce qu'ils voulaient, les pauvres insensés?

Leurs droits! toujours leurs droits!

On alla vers eux, on leur offrit la paix, l'oubli.

Leurs droits ! disaient-ils toujours. Droits politiques et sociaux !

Et l'on vit alors sous un radieux soleil de juin, sarcastique caresse ! des républicains combattre des républicains. Lutte horrible et fratricide !

L'insurrection fut enfin noyée dans le sang.....

Des milliers moururent pendant et après le combat. Des milliers encore allèrent sur des pontons, ou sous des climats implacables, expier la folie de stériles impatiences et d'aspirations désordonnées.

Hélas ! plaignons les pauvres victimes de nos luttes fratricides, qu'elles portent l'uniforme, la blouse ou l'habit sacerdotal !

Dans la mort il n'y a plus de partis......

Mais à la République naissante le coup était porté.

On sut profiter de sa blessure, et bientôt elle agonisa, sanglante elle aussi, sous le sabre de l'audacieux qui la confisqua.......

Juin avait amené Décembre.

L'anarchie avait provoqué le despotisme........

Et celui-là aussi avait invoqué ses droits et oublié ses devoirs !...
....
....

Peuple ! souviens-toi toujours de cette page d'histoire.

VII

LA LIBERTÉ

Je te salue, Liberté sainte!

Voilà des mille et des cents ans qu'on t'invoque, ô liberté!

Depuis le commencement des siècles, on te revendique, on combat pour toi, on se sacrifie pour toi.

Tu es le bien par excellence, le bien suprême. Sans toi, la vie est à charge.

Il n'est pas jusqu'aux noirs Niams-niams qui ne se tuent parfois, plutôt que de tomber en esclavage!...................

Depuis le royaume de Cambodje aux trésors perdus jusqu'à l'empire des Mongols aux mines d'or cachées;

Depuis les mers tourmentées du Japon jusqu'aux flots bleus du Bosphore;

Des monts Ourals au roc de Gibraltar;

D'Athènes l'antique à la verte et pauvre Erin;

Du pays des Hottentots à la sultanie du Maroc;

De Memphis et ses merveilles en ruines jusqu'au mystérieux Niger et ses peuples-enfants;

De Bornéo où le sol tremble jusqu'à la Nouvelle-Galles que métamorphose le génie britannique;

Des Philippines au printemps éternel jusqu'à

ces îles sans nombre que, du fond de l'Océan Pacifique, fait surgir l'infatigable madrépore ;

Des Antilles brûlantes, enfin, jusqu'aux glaces du Labrador ;

Du Pérou des vieux Incas aux pampas des farouches Patagons :

Partout des flots de sang ont coulé pour toi, ô Liberté !

Devant toi tout despote tremble, à ta vue les nations tressaillent d'allégresse.

On t'a mise au rang des divinités.

Hygin a fait de toi la fille de Jupiter et de Junon.

Tibérius Gracchus t'a bâti un temple à Rome, sur le mont Aventin.

Depuis quatre-vingt-dix ans on t'élève des statues, et autour des arbres qui te sont consacrés on danse le joyeux « mai » d'autrefois.

Par moments, on t'a tristement couverte d'un voile.......

Mais toujours tu reparais radieuse.

Tous les partis t'invoquent tour à tour : l'oppresseur d'hier comme l'opprimé d'aujourd'hui.

C'est que tu n'es pas un vain mot......

Tous le savent ; mais combien peu te comprennent et te pratiquent, ô Liberté !

VIII

OÙ S'ARRÊTE MA LIBERTÉ

Qu'est-ce que la liberté ?

La liberté consiste à faire ce qui ne nuit pas aux droits d'autrui.

Si donc, sous prétexte d'user de la liberté, je vole, je tue, j'en blesse un autre, je deviens coupable ; car j'ai porté atteinte à son droit de propriété et d'existence.

Si je l'outrage par paroles ou par la voie de la presse, je lui cause un dommage en portant atteinte à sa considération, à son existence morale.

Si je me plais à l'apologie de faits qualifiés délits ou crimes, je nuis à tous les autres qui vivent avec moi en société ; car j'approuve qu'on les vole ou qu'on les tue, et par là j'excite à le faire.

La fraude, les tromperies, les faux, la destruction ou la détérioration de tout ce qui est à autrui sont autant d'atteintes à la propriété, et je ne suis pas libre de commettre ces actes.

Je n'ai donc pas plus la liberté d'abattre un épi de blé, que je n'ai celle d'incendier une maison.

Je n'ai pas plus le droit de brûler le fauteuil qui a servi de trône à un roi, car il appartient à l'Etat, que je n'ai celui de démolir l'échoppe d'un cordonnier.

Je n'ai pas plus le droit de briser un simple

banc d'église, que je n'ai celui d'abattre l'arbre de mon voisin.

Ma liberté et mon droit s'arrêtent partout où commencent la liberté et le droit des autres.

Si j'ai le droit d'employer mes facultés quelconques à faire ce qui me plaît, c'est à la condition que ce que je ferai ne sera ni défendu par les lois, ni attentatoire à la liberté et aux droits des autres.

Tout ce qu'on dira être la liberté en dehors de ces limites, ne sera que licence ou usurpation.

Licence en bas, usurpation en haut.

Ainsi, qui touchera à ma liberté de citoyen, à celle-là surtout qui me donne le droit de voter en vertu de la loi fondamentale du suffrage universel, celui-là sera un usurpateur.

Mais si vous ne voulez pas qu'on touche au suffrage universel, gardez-vous aussi de la licence ; car celle-ci ramènerait fatalement un usurpateur ....

Souvenez-vous toujours de la page d'histoire !

IX

LE SUFFRAGE UNIVERSEL

Vox populi, vox dei. La voix du peuple est celle de Dieu.

Cette vérité est vieille comme le monde.

Depuis le premier sage qui fut choisi pour juger ou gouverner les autres ;

Depuis le premier guerrier qui fut élevé par les siens sur un pavois :

La voix du peuple, investissant l'élu de son autorité, a toujours été considérée comme celle de Dieu.

Même à travers la barbarie et la féodalité du moyen-âge, cette vérité s'est conservée. Les vieux proverbes en font foi.

Au seizième siècle, dans son *Trésor des Sentences,* Meurier ne disait-il pas :

« Cela advenant est tenu pour maxime le proverbe vulgaire :

> « Qui est aimé du *populus,*
> Il est aimé de *Dominus.* »

Sainct-Julien de Baleuvre n'a-t-il pas répété dans ses *Meslanges historiques :*

« Aussi qu'il est dit que la *voix du peuple est la voix de Dieu.* »

2.

Telle est la tradition, telle est la consécration à travers les âges du Vote universel.

Et l'Église elle-même reconnaît le principe de l'élection. Au Vatican, les cardinaux élisent le Souverain-Pontife.

Dans les premiers siècles, c'est même véritablement par le suffrage universel que le pape et les évêques étaient nommés : tout le clergé, tous les fidèles prenaient part à l'élection.

De l'hérédité des fonctions il n'y a aucune trace dans l'histoire de l'Eglise.......

L'hérédité qui perpétue le pouvoir soit dans une famille, soit dans une caste, suppose une distinction de naissance.

Or, dans une démocratie où tous les citoyens sont égaux devant l'urne, une distinction de naissance détruirait le principe d'égalité.

Ceci exclut cela.

Donc toute hérédité de pouvoirs doit être bannie d'une République démocratique.

Une démocratie césarienne est une hérésie et un non-sens. Elle détruit à la fois la liberté, l'égalité et le droit des générations à venir..........

. . . .

X

L'HÉRÉDITÉ ET LE DROIT DIVIN

Une génération a-t-elle le droit d'enchaîner à une famille les droits et la liberté des générations futures ?

Ai-je le droit de disposer à tout jamais du sort de mon fils, de celui de son fils et des enfants de son fils ?

Ai-je le droit de dire à mes arrière-petits-fils : « Qu'ils soient idiots, dissipateurs ou batailleurs, vous obéirez aux maîtres que dès à présent je vous impose. »

Contre la seule énonciation de pareilles monstruosités protesteraient le bon sens, la logique et la conscience.

L'Eglise elle-même, où rien n'est héréditaire, qui a condamné l'esclavage et la transmission de l'esclavage, ne peut que réprouver de telles contre-vérités.

Ce n'est pas l'hérédité qui constitue ce qu'on appelle le « droit divin »; car les papes se sont donné le droit de déposer les rois.

Or, s'ils pouvaient déposer les rois, ils devaient aussi pouvoir les nommer.

Grégoire VII et Boniface VIII se déclaraient maîtres de disposer des trônes...

Dès lors que devenait l'hérédité ?

L'hérédité ne fut donc jamais un principe reconnu par les papes.

Il y a plus : la monarchie en elle-même, héréditaire ou non, n'a jamais été regardée par Rome comme la seule forme de gouvernement acceptable.

Les papes n'eurent-ils pas pour alliées, tour à tour, toutes les anciennes républiques italiennes et, depuis, la république helvétique?

Rome n'autorisa-t-elle pas les Jésuites à fonder, dans l'Amérique du Sud, la République du Paraguay?..

....

En vérité je vous le dis, la Républiqne n'a, dans le fond, rien dont ne puissent s'accommoder l'Eglise ni la Compagnie de Jésus elle-même.

Et la faute de celle-ci a été d'oublier cette vérité.

XI

UNE MAXIME D'OR

« De la mesure en tout. »

Cette maxime, pour être d'or, n'est pas moins celle d'un roi.

Mais ce roi était un des « Sept sages de la Grèce », Cléobule, de l'île de Rhodes, ami de Solon.

Et il vivait il y a quelque chose comme deux mille cinq cents ans.........

Ce qui prouve qu'il peut y avoir des rois dignes d'estime, lorsqu'ils sont humains et sages.

Et puis on n'est pas toujours, ni partout, mûr pour la République.

« De la mesure en tout », cela veut dire aussi « modération ».

Cela signifie encore « sentiment et observation des bienséances ».

Un peuple qui est souverain doit, à défaut de la pourpre royale, songer à se draper quelque peu, nous ne dirons pas dans une morgue ridicule, mais dans le respect de soi-même.

On peut rester Gaulois, sans se démener comme un gentilhomme d'autrefois s'égosillant aux Halles.

« De la mesure en tout ! » cela équivaut aussi à dire :

Faisons les choses à propos, et non comme des écervelés.

Par exemple, ne chantons pas la *Marseillaise* à toute occasion ; elle est faite pour le combat si l'on nous attaque, et non pour la paix.

Ne crions pas : « aux armes ! » lorsque personne ne nous menace ou que les nations nous visitent en amies.

Evitons surtout de chanter nos airs patriotiques, après avoir bu..... Un hymne saint est bien vite profané.

Gardons-le pour les solennités, et ne le prodiguons pas dans les rues.

Parce que nous avons été sevrés pendant un temps de la moindre fête, ne nous jetons pas à corps perdu dans les extravagances et les mascarades.

Amateurs d'excentricités, écoutez plutôt ce que disait Robespierre lui-même des extravagants de son époque.

« De quel droit, s'écriait-il, des hommes inconnus jusqu'ici dans la carrière de la Révolution viendraient-ils chercher au milieu de ces évènements les moyens d'usurper une popularité fausse, jetant la discorde parmi nous, troublant la liberté des cultes au nom de la liberté, et faisant dégénérer les hommages rendus à la vérité pure en farces ridicules ?

« Pourquoi leur permettrait-on de se jouer ainsi

de la dignité du peuple et d'attacher les grelots de la folie au sceptre même de la raison (1)? »

Sous prétexte de témoigner notre joie dans les fêtes, ne lançons pas des « pétards » dans les jambes des passants pour les blesser, ni dans les devantures de boutique pour qu'elles prennent feu !

En un mot, « de la mesure en tout » !

Peuple souverain, sois au moins aussi sage que ton cousin le roi Cléobule !

(1) Buchez et Roux, *Histoire parlementaire* (Séance des Jacobins du 21 novembre 1793).

NOS MŒURS PUBLIQUES

En vérité je vous le dis, il est temps de mettre nos mœurs à la hauteur de nos institutions :

Sinon, nos institutions périront............

La stabilité des lois se fonde sur la pureté des mœurs, surtout en démocratie.

Et d'abord, par le spectacle de nos mœurs publiques, montrons à l'étranger que nous sommes dignes de vivre en république.

Chassons au loin les falsificateurs de scrutin, et nous-mêmes ne mettons pas aux enchères nos votes ou notre influence.

Electeurs, ne briguons ni place ni bureau de tabac ; candidats, ne promettons rien que de remplir notre mandat en conscience.

Ni « rastels » comme dans le Midi, ni « bourgs pourris » comme en Angleterre.

N'imitons pas non plus l'Angleterre, quand elle prône toutes les libertés, mais qu'elle opprime les Irlandais, et que naguère encore elle regardait l'Israélite comme un paria.

Si nous sommes des gens raisonnables, ne nous donnons pas des allures de sectaires.

Si nous avons le droit d'association, ne le marchandons pas à d'autres.

Ne crions pas sans cesse contre les sociétés religieuses, quand nous réclamons pour nous-mêmes le droit d'en fonder de toute sorte. Mais tous soumettons-nous à la loi qui les règle.

Quand nous nous promenons avec des chars, des oriflammes ou des flambeaux dans les rues, nous sommes mal venus de condamner les processions là où la loi les permet.

S'il n'est plus un homme de sens en France, qui ne regarde le duel comme stupide, pourquoi s'en servir encore pour prouver aussi péremptoirement que l'on a tort ou raison ?

S'il est certain pour tous que le proverbe dit vrai : « menteur comme un charlatan », pourquoi se plaire à écouter tant de marchands d'orviétan dans les carrefours ou ailleurs ?

Si nous sommes de si fins Gaulois, pourquoi ne raillons-nous pas plutôt ceux qui nous bernent et qui voudraient nous faire prendre de la poudre de perlimpinpin pour un médicament et des cailloux pour des diamants?

Si nous prétendons à quelque goût, pourquoi courons-nous tous applaudir au théâtre des insanités que dédaignerait le dernier pitre de foire?

Pourquoi leur donnons-nous la préférence sur des œuvres saines et fortes ?

Si nous sommes devenus le peuple le plus policé de la terre, comme nous nous en vantons, pourquoi courons-nous de même voir jouer le couteau sanglant de la guillotine?

Et si nous sommes si lettrés et si moraux, pourquoi les ouvrages dont le héros est un assassin, un voleur, un forçat, un ivrogne, sont-ils tant en honneur ?

Pourquoi avons-nous encouragé ce qu'on appelle le *naturalisme*, où, sous prétexte de faire de la photographie, on ne montre que l'immoral et le laid ?

Pourquoi ce genre de littérature n'existe-t-il qu'en France ?..

Pourquoi, comme les Athéniens à propos du chien d'Alcibiade, nous occupons-nous si fort d'une drôlesse qui vient de cravacher son vicomte, ou d'un « gommeux » qui s'est ruiné pour une drôlesse ?

Pourquoi payons-nous de si belles toilettes à ces courtisanes dont nous entretenons le luxe et l'insolence, et obligeons-nous nos femmes à se faire payer par d'autres des robes qui les font ressembler à des courtisanes ?

Pourquoi repoussons-nous une pauvre fille qui n'a failli qu'une fois dans sa vie par amour, lorsque nous admettons une Vénus galante qui a eu dix amants, mais dont un nom honorable couvre les déréglements ?

Pourquoi détournons-nous la vue quand nous rencontrons sur le boulevard un ancien ami malheureux, tandis que nous saluons jusqu'à terre dans les salons un fripon enrichi ou un intrigant parvenu ?

Tout cela montre combien nos mœurs publiques sont fausses ou tyranniques, souvent contraires à la loi, et que l'homme juste et sensé ne doit cesser de réagir contre la plupart d'entre elles.

Et c'est surtout lorsqu'on se dit républicain, qu'on ne doit se montrer ni vénal, ni injuste, ni mouton de Panurge.

C'est surtout lorsqu'on se prétend républicain, qu'on ne doit ni aimer à voir couler le sang, ni faire pousser des courtisanes comme champignons en fumier, ni se plaire en compagnie d'ignobles gredins inventés par l'imagination d'un romancier en délire, ni enfin applaudir à des spectacles faits pour abrutir et non pour intéresser.

On ne doit pas plus fréquenter les « raouts » du demi-monde que l' « Assommoir » du faubourg, pas plus le tapis vert que le tapis franc.

Comme noblesse, république oblige.

XIII

LA LEÇON TERRIBLE

Ecoutez la leçon !

Sous ce titre : *La Vision de Claude,* voici ce que raconte en de beaux vers un jeune poëte déjà célèbre (1), Paul Delair, notre parent et collaborateur :

Ils vivaient heureux : lui se nommait Claude, elle Louise.

Par amour ils s'étaient épousés. Ouvriers tous deux, du matin au soir ils travaillaient.

De plusieurs enfants il ne leur en restait qu'un : un beau petit garçon, le portrait de la mère, gai et réfléchi à la fois..... Et ils l'aimaient !

Hélas ! la mort passa, jalouse : un soir elle secoua là ses ailes.

La mère prit froid et mourut...................

La perte de la compagne chère est un grand deuil ; pour l'ouvrier le veuvage est un malheur plus grand que pour tout autre.

La maison devient déserte, le foyer perd son attrait ; et le foyer mort, c'est le cabaret ouvert...

(1) Cette poésie a été dite par Coquelin aîné, de la Comédie-Française, le même qui a récité avec tant d'éclat *le Sergent Lazare,* de Paul Delair aussi, au banquet d'un des anniversaires de Hoche, à Versailles.

Claude avait grand cœur, mais la tête était faible ; à qui lui serrait la main il ne résistait guère.

Quand triste et morne il quittait l'enfant, dans la rue les amis l'appelaient ; car il était aimé de tous.

« Toujours sombre ! lui disaient-ils. Mais tu te tues ! Voyons, sois homme !

« Tu n'as pas perdu tout ce qui s'aime ! Viens boire aux amis, au peuple, au pays, aux jours de gloire ! Oublie et vis ! »

Et il but. Mais il but, lui, pour se souvenir...

Il but, et dans son cœur l'illusion descendit.

Dans les horizons allumés par l'ivresse, il voyait les beaux jours dans la tombe enfermés en sortir et lui sourire à travers les branches des arbres verts.

Comme autrefois, avec sa Louise et l'enfant il se revoyait le dimanche hors Paris, respirant l'air pur.

Et il buvait toujours..... Et l'illusion revenant sans cesse, il buvait encore..... Bientôt il ne put s'en passer.

Mais comme au cabaret le bruit le distrait de son image, il apporte au logis la magique bouteille ; et là, chaque soir, un tour de clef donné, il boit, il boit seul.....

Cependant il oublie que l'enfant est là qui regarde et s'étonne ; car l'enfant a grandi.

Une charitable voisine en avait pris quelque soin; bien qu'il croisse un peu au hasard, il est sage, il est doux.

Le père qui boit et le néglige s'est déshabitué du travail; il devient paresseux, il fait des dettes. L'enfant a faim le jour, l'enfant a froid la nuit.

La joue du pauvre petit se cave, et l'œil se creuse. Il souffre. Lui aussi pense à sa mère!.....

Jamais il ne se plaint. Seulement, quand le soir les devoirs qu'on lui donne à l'école sont finis, quand le père a dit : « Allons, petit, dors! »

Alors l'enfant croise ses deux petits bras dans son lit, mais ne dort pas : il guette et rêve.....

Le père boit : il rit, il pleure, il se lève. Sa lèvre tremble, il parle, et son œil insensé se fixe sur la chère et funèbre vision...... sa Louise !

Son geste fou l'embrasse, il tombe, il s'agenouille au chevet de l'enfant, et le mouille de ses pleurs.

« Vois donc, petit ! dit-il tout bas. Vois, la porte a glissé..... La voilà ! Vois-tu comme elle est pâle encore..... embrasse-la.

« C'est ta mère ! Elle a mis sa robe des dimanches, et des roses blanches dans ses cheveux. Vois comme elle est belle ! »

Et l'enfant cherche, mais ne voit rien. Seulement la fièvre brille dans son regard, et il murmure : « Est-ce vrai qu'elle est là? »

Or, voici ce qui advint.

Un soir, Claude frappe à sa porte. Il écoute : on parle, on chante chez lui.....

Quelque ami sans doute. « Ouvre, petit ! »

Mais la porte reste close. Il frappe encore, et l'on chante et l'on rit toujours.....

Tout à coup il reconnaît la voix. Qu'est-ce donc ? Il tremble.....

« Ouvre ! » crie-t-il terrible. Et la porte roule dans un éclat de rire.

Ciel ! la morte était moins pâle ! C'est l'enfant, chancelant, fou, qui chante et qui rit, l'œil hagard et l'écume aux lèvres.....

Plein d'angoisse, autour de lui le père regarde et ramasse à terre une bouteille vide..... sinistre éclair !

« Vide !... il a bu !... il a bu tout ! Il est ivre ! Ah ! Dieu bon ! de quoi mourir du coup ! »

Et il gronde : « Ivre ! Répondras-tu, malheureux, qui t'a fait boire ? Dis ! »

Et l'enfant bégaie, et le père près de la bouteille le fait choir à genoux. Il va frapper.....

Epouvanté, l'enfant alors s'écrie, en montrant du doigt l'horrible flacon :

« Père ! ne frappe pas : c'était pour voir maman ! »

Puis il tombe, ses yeux se ferment et le délire s'empare de lui...................................

Et pendant toute une semaine le père éperdu

le disputa à la mort. Si l'enfant eût succombé, n'était-ce pas lui qui le tuait?

Enfin, un matin, le délire cessa et l'enfant reconnut son père. « Père! — Mon enfant! — « Tu vois, je n'ai plus rien. »

Et tout bas l'enfant ajouta :

« Mais toi?... Cela fait mal de boire, vois-tu bien. Père! si tu veux voir maman, cherche autre chose. »

En son fils, Claude cette fois revit Louise.....

Il le couvrit de baisers, en murmurant : « Pourquoi chercher? Je t'embrasse : elle est là! »

Ce morceau de poésie n'est-il pas une meilleure leçon que celle qu'on voudrait faire ressortir des scènes d'un cabaret borgne?

XIV

BON CONSEIL EN VAUT DEUX

Pauvres! quand vous devenez riches, n'oubliez jamais ce que vous avez souffert et allégez les souffrances des autres.

Ouvriers! une fois patrons, rappelez-vous que le travail est parfois pénible et insuffisamment rétribué.

Soldats! quand vous serez chefs, souvenez-vous que vous n'aimiez pas à être malmenés ni punis injustement.

Employés! ne vous donnez pas, aux yeux du public, le ridicule d'un bureaucrate mal élevé ou sans esprit.

Fonctionnaires de tout rang! ne vous croyez pas pétris d'un autre limon que le commun des mortels; faites faire antichambre le moins possible et efforcez-vous d'être aussi polis qu'on l'est chez le ministre même.

Artistes, journalistes et gens de lettres! ne soyez pas si envieux l'un de l'autre; évitez de poser, une fois que la gloire et la fortune vous sourient, et souvenez-vous de vos misères de débutant. « Modestie jamais ne nuit. »

Comédiens devenus directeurs! ne prenez pas de si grands airs comme si vous étiez toujours en scène, et chassez sans pitié les faquins qui, dans vos antichambres, voudraient faire croire qu'ils font la pluie et le beau temps ; craignez qu'on ne soit tenté de dire : « Tel maître, tel valet. »

Parvenus de toute espèce ! ne devenez ni haïssables ni grotesques à force d'orgueil et de vanité, sinon vous vous exposeriez à la mésaventure de ce satrape d'Asie, à qui un philosophe cracha au visage, parce qu'il ne trouvait pas chez lui, au milieu de son luxe, d'endroit plus convenable.

Et que chacun se souvienne que la roue de la fortune tourne et tourne sans cesse, et que tel est au pinacle aujourd'hui, qui demain peut retomber dans le bourbier !

Quand l'un monte, l'autre descend.

XV

L'ivrognerie est le plus dégradant de tous les vices ; il est aussi la source de beaucoup d'autres :

> Ivrognerie est une zizanie
> Et de notre santé vraie ennemie.

La gourmandise marche de pair avec l'ivrognerie :

> Gourmandise tue plus de gens
> Qu'épée en guerre tranchant.

L'orgueil est cousin de la vanité :

> Tout détruit orgueil où il se met.

A une femme vaine

> La queue lui traîne et n'a que manger.

L'envie ferait tuer son frère :

> Envie est la racine
> Où tous maux prennent origine.

Du menteur on dit avec mépris :

> Il ment comme un laquais.

Aux bavards et aux flatteurs il faut tourner le dos :

> A grand ou beau parleur, closes oreilles.

Poltronnerie engendre lâcheté :

> Jamais poltron ne fit beau fait.

Pas de débauche :

> Trop de plaisirs portent douleurs en croupe.
> Il advient souvent que luxurieux meurt meschamment.

L'honnêteté finit toujours par être appréciée, et la fraude par être découverte :

> L'on connaît avec le temps
> Les bons payeurs et les marchands

Il faut travailler quand on est jeune

> Jeunesse oiseuse, vieillesse diseteuse.
> Pierre qui roule n'amasse pas de mousse.

Mais avec l'âge il faut se modérer :

> Les vieilles gens qui font gambades
> A la mort sonnent des aubades.

Veillez sur vos enfants :

> Par mauvaise compagnie, enfants suivent mauvaise vie.

Soyez bon pour tout le monde et n'irritez personne contre vous :

> Il n'est nul petit ami,
> Il n'est nul petit ennemi.

Après les vieux adages et proverbes, citons les maximes d'un sage républicain d'Amérique.

Ne vous plaignez pas de l'impôt et du gouvernement, dit Benjamin Franklin, l'ami de Washington ; notre paresse nous coûte le double de ce qu'ils nous prennent ;

Notre orgueil nous coûte le triple ;

Notre extravagance le quadruple.

L'oisiveté, dit-il aussi, ressemble à la rouille ; elle use beaucoup plus que le travail.

Le renard qui dort ne prend pas de poules. Nous aurons assez de temps pour dormir, quand nous serons dans le cercueil.

Celui qui vit d'espérance court risque de mourir de faim.

Il en coûte plus cher pour entretenir un vice,

dit encore Franklin, que pour élever deux enfants.

Les enfants et les fous s'imaginent que vingt
ans et vingt francs ne peuvent jamais finir.

L'orgueil déjeûne avec l'abondance, dîne avec
la pauvreté, et soupe avec la honte.

Les créanciers ont meilleure mémoire que les
débiteurs.

Le soleil du matin ne dure pas tout le jour.

On voit que le grand Américain se souvenait
qu'il avait d'abord été un pauvre ouvrier, et que
ce n'était qu'à force de travail qu'il était parvenu.

XVI

INSTRUISEZ-VOUS !

Instruisez-vous ! instruisez-vous !
Ignorance ne quiert prudence.

Sans instruction on est le jouet des autres ; et chaque pas que l'on fait dans la vie peut être un mauvais pas..................................

Un jour, Jacques dans son village reçut une lettre de la grande ville ; la lettre était de l'oncle Baptiste qui était allé y faire fortune.

Mais Jacques ne savait pas lire.

Il s'en fut trouver Jean son cousin, qui avait été à l'école.

Le cousin Jean était un madré qui, ayant pris connaissance de la lettre de l'oncle, dit à Jacques :

« L'oncle Baptiste, ton parrain, écrit qu'il est ruiné et qu'il part pour les Indes. »

Bon voyage ! firent-ils tous les deux.

Mais le lendemain, le cousin Jean quittait sans bruit le village.

Quand il revint, il était riche : il avait fermé les yeux à l'oncle Baptiste, qui en récompense l'avait fait son héritier.........

Alors Jacques pria le maître d'école de lui relire la lettre.

Et le maître d'école lui apprit que l'oncle Baptiste, à son lit de mort, l'avait mandé pour lui laisser sa fortune.

Et Jacques, ayant compris qu'il avait été joué par son cousin qui savait lire, s'arracha les cheveux et jura que jamais ses enfants, s'il en avait, ne manqueraient à l'école.........................

Une autre histoire :

Dans une ville de garnison se faisait l'exercice à feu ; non loin de là des ouvriers travaillaient...

Tout à coup un de ces derniers tomba mort : un soldat maladroit l'avait tué.

Ce maladroit était pourtant le fils d'un noble : cela supposait de l'instruction.

Mais non ; ce noble, quoique riche, n'avait jamais voulu en donner à son fils, sans doute par haine des idées modernes.

Le manque d'instruction rendait le fils du noble presque idiot ; sa maladresse venait de là.

Et leur vie durant, le père et le fils auront la mort de cet homme sur la conscience...........

L'instruction vous donne accès partout. Avec l'éducation, elle civilise les hommes et les rend égaux.

Instruisez-vous !

Songez qu'au jour du scrutin, alors que vous décidez des destinées du pays, ceux qui savent quelque chose ont seuls la notion exacte de ce qu'ils font.

Songez que l'instruction donne seule à l'homme la conscience de sa valeur et de sa dignité.

La richesse peut se perdre ; l'instruction reste toujours. C'est un capital insaisissable.........

Instruisez-vous ! instruisez-vous !

XVII

Dans Sparte autrefois, il y avait une multitude d'esclaves.

Le gouvernement de ce pays était livré à quelques familles puissantes, qui ne songeaient qu'à leurs intérêts égoïstes.

Aussi fut-il tyrannique et continuellement en guerre avec ses voisins.

Or, les esclaves étaient plus de deux fois cent mille, tandis que les maîtres n'étaient qu'au nombre de trente mille.

Ces esclaves, on les nommait des « Ilotes », ou plutôt des « Hilotes ».

Etant si nombreux, il fallait les maintenir dans la soumission par la terreur ; ce qui ne les empêcha pas de se révolter plusieurs fois, car c'étaient des hommes comme les autres..

Alors on imagina de les abrutir, pour en être plus facilement les maîtres ; on les habitua à s'enivrer............

En même temps, on les forçait à porter un bonnet de peau de chien et à se revêtir de la peau des bêtes ; puis on les accablait de coups, sans qu'ils eussent commis de fautes.

On voulait les rendre méprisables............

Quand ils étaient bien ivres, on les montrait aux jeunes Spartiates, tout à la fois pour dégoûter ceux-ci de l'intempérance et afin de leur inspirer un profond mépris pour ces esclaves.

Enfin, comme malgré tout, il y avait quelquefois de ces Ilotes qui, par leur esprit et leurs connaissances, plaisaient à tel ou tel maître qui les affranchissait, on interdit toute instruction à ces malheureux..

Voilà quelle était, chez nous, l'image de la société d'autrefois.....

L'ignorance est le plus sûr moyen d'abrutir un peuple et de le tenir en esclavage.

L'instruction affranchit, en éclairant l'intelligence et en épurant les mœurs.

XVIII

LES DEUX VOISINS

Dans une petite ville habitaient deux familles voisines ; le chef de l'une se nommait Vincent, celui de l'autre Benoît.

Les deux familles étaient honnêtes et dans l'aisance ; elles eussent été heureuses sans d'incessantes querelles qui s'élevaient entre elles.

Et ces querelles n'avaient leur origine que dans les goûts contraires ou dans l'opinion différente de chacune sur tel et tel objet.

L'inimitié était même devenue si grande, qu'on ne se parlait plus, ou que si l'on se parlait ce n'était que pour en venir aux gros mots.

Vincent ne pouvait plus rien souffrir de Benoît dans la partie de la cour qui touchait à sa maison ; Benoît chassait journellement les enfants de Vincent du seuil de la sienne.

Un puits commun servait aux deux ménages ; après maintes disputes où l'on se reprochait mutuellement de tarir le puits, on finit par le diviser en deux au moyen d'un mur.

On remplaça également par un mur le simple treillage qui séparait les deux jardins au fond de la cour.

Enfin il y avait une buanderie, dans laquelle un four ; on démolit ce four commun, pour s'en construire chacun un différent, et l'on divisa la buanderie en deux aussi par un mur, ce qui nécessita deux portes.

Tous ces travaux coûtèrent fort cher à l'une et à l'autre famille, mais ne servirent à rien, car on continua à se quereller comme avant............

Dans le jardin, les arbres de Vincent poussaient leurs branches sur le clos de Benoît, et Benoît trouvait que cela donnait trop d'ombre à ses plates-bandes.

D'un œil jaloux on surveillait le puits, et l'on s'accusait réciproquement de prendre en cachette de l'eau chez le voisin.

Sous des platanes il y avait un banc ; chacun par les chaleurs y voulait s'asseoir, et pour que personne ne pût plus en jouir au détriment de l'autre, on finit par démolir le banc.

Chacune des deux maisons avait une niche au-dessus de la porte d'entrée ; dans la niche de Benoît était une Sainte-Vierge, dans celle de Vincent un buste de la Liberté.

Quoique la statuette de la bonne Vierge n'eût certes rien de bien irritant sur son doux visage, elle déplaisait à la famille Vincent.

Et quoique le buste de la Liberté en lui-même n'eût rien de choquant, il déplaisait à la famille Benoît.

Et bien des fois, le matin, on trouvait sur l'une ou l'autre figure des traces de colère réciproque, lancées du ruisseau sans doute par la main des enfants.

Enfin, l'on n'échangeait plus que des regards de haine.

C'était devenu intolérable.........

D'un jour à l'autre il était à craindre qu'on n'en vînt aux dernières extrémités.

Plusieurs fois déjà on avait cru voir Benoît ou Vincent, on ne pouvait dire au juste lequel, se glisser dans le jardin un fusil à la main, vers le soir......................................

XIX

ÉGLANTINE

Sur ces entrefaites, une nièce de Vincent vint de Paris à la saison des fleurs.

Et comme si elle eût été fleur elle-même, elle portait le nom charmant d'Eglantine.

Elle était aimable et douce, et l'ardente animosité qui régnait entre les deux familles, l'émut douloureusement.

Sa résolution fut bientôt prise.....

Les voisins Benoît faisaient leur lessive ; c'est là toujours, en province, une affaire importante.

Une partie du linge était déjà mise à sécher sur des cordes tendues dans la cour, qu'on en était encore à laver l'autre ; or, l'eau commençait à manquer.

Un matin que l'on dormait encore, Eglantine sans bruit se leva, tira de l'eau du puits réservé à son oncle et en emplit la cuve et les baquets des voisins.

Grand fut l'étonnement de ceux-ci, lorsqu'ils s'aperçurent de l'opération ; mais ils ne dirent rien.

Le lendemain, la place commençant à manquer pour pendre le linge, ils se montraient fort embarrassés.

Eglantine alors leur dit : « Donnez-moi le bout de votre corde, je l'attacherai par ici. »

Les voisins Benoît furent surpris d'abord de ces paroles ; mais comme ils n'avaient jamais eu à se plaindre d'Eglantine, ils lui remirent silencieusement le bout de la corde.

Tout le linge put être étendu.....

A quelques jours de là, dans le jardin, Eglantine aperçut au haut du mur de séparation le fils aîné des Benoît.

Il cherchait à abattre les branches d'un arbre des Vincent, mais ne pouvait y réussir.

— Attendez un peu, lui dit doucement Eglantine ; puisque ces branches vous gênent, je vais les ramener de notre côté.

— Mais, balbutia le fils Benoît, vous pourriez vous blesser, mademoiselle.

Et il rougissait fort, car la douce voix d'Eglantine lui avait semblé comme un reproche.

— N'ayez crainte, mon ami, répliqua-t-elle ; il y a justement un banc au pied du mur.

En même temps elle montait sur le banc et se mettait en devoir de ramener les branches si importunes aux voisins ; mais son pied glissa et elle faillit tomber.

— Oh ! mademoiselle, descendez ! s'écria vivement le jeune homme. Je vous avais bien dit que vous pourriez vous blesser..... Après tout, laissons ces branches : elles ne gênent pas tant !

— Si, si ! fit Eglantine, elles vous donnent trop d'ombre ; et elle voulut continuer.

— Non, non ! se récria le fils Benoît, qui s'obstina à son tour.

Et, cette fois, ce fut à qui réussirait à placer les choses en l'état qu'il supposait devoir plaire le plus au voisin.

Le fils Benoît remporta la victoire, et les branches restèrent dans la direction que la nature leur avait donnée.

Mais la victoire coûta cher autant que la défaite, car le fils Benoît s'éloigna aussi rouge qu'Eglantine………

Quelques semaines après ce fut la fête de la Vierge, et la petite statue dans sa niche fut ornée par les Benoît, dès la veille, de fleurs et de feuillage.

Les Benoît ne furent pourtant pas sans appréhender de voir les Vincent détruire en partie ces naïfs atours, et le fils aîné crut devoir veiller sur la statuette.

Quelle ne fut pas sa surprise, lorsqu'il vit dans l'ombre une forme blanche s'en approcher avec une magnifique guirlande de roses, qu'elle attacha autour de la niche.

Il n'osa souffler mot, car il avait reconnu Eglantine.

Dès que celle-ci fut rentrée chez elle et que le jeune homme la supposa couchée, il alla chercher son père et lui conta tout.

— Père, ajouta-t-il, resterons-nous au-dessous d'un pareil trait? Tenez, voilà de quoi prendre notre revanche.

Et il montrait le buste de la Liberté dans la niche des Vincent.

Le père comprit; et tous les deux, autant émus l'un que l'autre, se mirent aussitôt à l'œuvre.

Le lendemain matin on vit les deux niches admirablement parées, et chacun se sentait heureux.

Mais nul encore n'osait tendre la main à l'autre...

XX

TOLÉRANCE !

Alors la jeune fille s'avança.

« Je me nomme Eglantine, dit-elle, et j'ai voulu que, pareille à cette fleur qui pousse partout, s'accommode de tout et tolère tout à côté d'elle, vous pratiquiez la tolérance et abandonniez vos vieilles rancunes. »

Elle prit la main de ses parents, qui bientôt pressèrent celle des voisins.................

Et ce fut ainsi que, par la tolérance, la paix fut faite entre des gens qui ne pouvaient que s'estimer réciproquement....................

Elle ne tarda pas à être cimentée par l'union du fils Benoît et de la charmante Eglantine, devenue la bonne fée de cette paisible maison......

En vérité je vous le dis, soyez tolérants les uns envers les autres, et les haines ne tarderont pas à s'éteindre, et le bonheur régnera parmi vous.

Il n'y a que le premier pas qui coûte...

Et qui fera le premier pas, certes celui-là sera le plus méritant et réputé le plus généreux.

Nos pères, pendant plusieurs siècles, ont combattu pour la tolérance : ne serons-nous pas tolérants, maintenant que nous sommes victorieux ?

XXI

RÉPUBLICAIN, QUE PENSES-TU?

Républicain, que penses-tu?

Je pense qu'en toutes choses la justice doit être mon guide.

Républicain, qu'aimes-tu?

Ma patrie et tous les hommes, mes frères.

Républicain, que fais-tu?

Mon devoir, en obéissant aux lois et en respectant ceux qui sont chargés de les appliquer.

Républicain, où vas-tu?

Au scrutin, pour nommer nos mandataires.

Républicain, où sont tes armes?

A la garde de l'État, lorsque je suis dans mes foyers, me livrant au travail.

Républicain, qu'en feras-tu si tu es appelé?

Je ne m'en servirai que pour défendre la Patrie et la République.

Républicain, quel est ton devoir envers tes enfants?

De les instruire, pour en faire des hommes bien élevés et des citoyens dignes de vivre en République.

Républicain, qui hais-tu?

Je ne dois haïr ni injurier personne, mais je

dois m'efforcer de convaincre mes adversaires que le meilleur moyen de vivre heureux, c'est d'être tolérant et de pratiquer toutes les vertus qui servent de base à une République.

Républicain, qu'espères-tu du régime républicain?

La paix au dehors, la tranquillité au dedans, la prospérité générale.

Quel est le meilleur moyen de conserver la République?

C'est de ne menacer ni de n'effrayer personne par des sentiments trop exaltés, des impatiences irréfléchies et des désirs immodérés.

Républicain! ton avenir est dans tes mains....

XXII

PATIENCE !

Pas d'impatiences ! souvent elles perdent tout. Ne compromettons point ce qui est acquis.

Patience plutôt ! Tout vient à point à qui sait attendre.

Républicains ! n'oubliez pas la page d'histoire : elle est écrite en lettres de sang............

Méfiez-vous profondément de tous ceux qui flattent vos passions et vos désirs.

Repoussez les excitations d'où qu'elles viennent : soyez forts dans votre calme et votre bon sens.

Ouvriers ! diront-ils, sous votre République vous n'êtes pas aussi heureux que vous devriez l'être. Tout est cher et vous ne gagnez pas assez.

Répondez-leur par le mot de Franklin, qui fut d'abord ouvrier comme vous :

« Quiconque dira à l'ouvrier qu'il peut s'enrichir autrement que par le travail, celui-là est un malhonnête homme. »

Commerçants ! diront-ils aussi, vous payez trop d'impôts.

Répondez-leur que c'est la guerre qui a augmenté les charges de l'Etat, que ce n'est pas la République qui a fait la guerre, et que chaque année voit maintenant les impôts diminuer par millions.

Répondez tous que ce sera bien mieux encore dès que chacun aura désarmé et que l'apaisement sera complet;

Que la cherté dans les grands centres n'est que passagère, et que bientôt les voies ferrées vont partout niveler les prix.

Sous la République, diront-ils encore, vous n'êtes pas assez libres.

Répondez-leur que vous le fûtes bien moins avant la République.........

Qui, du reste, n'aspire pas après la plus grande somme de liberté possible?

Mais avant d'achever l'œuvre par les combles, ne faut-il pas établir et consolider les fondements?

Pour que ni mine souterraine ni tempête ne puissent ébranler l'édifice, ne faut-il pas à l'architecte procéder avec prudence dans toutes ses parties?

Patience! Le jour viendra où flottera au pignon l'éclatant drapeau, comme un arc-en-ciel joyeux!...

Mais patience! Paris s'est-il fait dans un jour? Le fruit sur les arbres mûrit-il d'un coup?

Rien dans la nature ne s'accomplit par saccades; rien n'est durable en ce monde, qui se fait à la hâte.

La monarchie avait mis des siècles à se substituer à la féodalité; il n'y a pas cent ans que la République a commencé la lutte avec la monarchie.

Et la République est déjà moins contestée que ne l'était la couronne de Louis XI et celle de Louis XIII, défendue encore par la hache de Richelieu !...

....

XXIII

LE RÊVE

En vérité je vous le dis, le rêve s'accomplira...

Ce jour-là, il y aura des chants d'allégresse, et même les adversaires de la veille applaudiront l'œuvre.

Jouissant eux-mêmes de cette liberté qu'ils avaient méconnue, ils diront comme en Amérique :

« *All's right*, tout va bien ! »

Car, ainsi qu'en Amérique, ils auront, eux comme vous, la liberté sous toutes ses formes :

La liberté d'écrire et de réunion, liberté religieuse et liberté individuelle fortement garantie.

Et nul ne disputera plus à l'autre ces libertés dont il jouira lui-même.

Plus de récriminations ardentes : à l'organe « whig » on opposera tranquillement l'organe « tory ».

Telle société coudoiera sans colère telle autre ; je veux voir la maison du jésuite se bâtir à côté de celle du franc-maçon, si le jésuite se soumet à la loi, comme le franc-maçon.

Tous les cultes seront égaux et libres, comme le voulait Saint-Just au milieu même de la tourmente de 1793.

Les passions seront calmées ; à leur place on entendra le langage de la raison................

Or, soyez attentifs !

Prêtez l'oreille, regardez bien autour de vous, et dites-moi s'il n'y a pas déjà dans les airs des signes précurseurs...

N'avez-vous pas entrevu déjà, par moments, comme de vagues lueurs d'un jour prochain filtrer à travers les portes du Vatican ?

De Rome n'avez-vous pas senti parfois déjà s'échapper comme un souffle de paix ?

N'a-t-on pas, du fond de ce palais d'où le monde religieux attend ses avertissements, fait entendre un jour ces paroles qui présagent une réconciliation future :

« Que l'abstention ou l'insuffisante intervention de la chrétienté serait une preuve que *d'autres temps sont venus, qui imposeraient une autre conduite et d'autres devoirs.* »

Et dans une autre allocution, le pape Léon XIII n'a-t-il pas dit aussi :

« L'épanouissement des sciences, des lettres et des arts est un signe et une preuve de culture des peuples. »

Déjà Rome n'a-t-elle pas songé à un *modus vivendi* avec l'Allemagne protestante ?

Patience donc ! Patience !

Le monde ne peut pas continuellement vivre en état de haine et de guerre......................

Pas plus que le ciel, la terre n'est constamment

en colère; les orages sont des exceptions, et les volcans ne vomissent pas toujours des flammes.

La science et l'Eglise ne seront pas toujours ennemies.....

Patience ! Les temps approchent où tout irrévocablement, en France, se décidera au scrutin, comme aussi en Europe tout sera résolu en congrès . . . .

. . . .

Patience ! patience ! Soyons sages, et le rêve s'accomplira.

Soyons sages, républicains de France, car c'est bien de nous que tout dépend !

De nous, tant gouvernés que gouvernants !

TABLE DES MATIÈRES

Paris. — Typographie N. Blanpain, 7, rue Jeanne.

LE BIEN PUBLIC

RAPPORT POLITIQUE,

DISCUSSION DANS LA RÉUNION DES FONDATEURS,

SUIVIS D'UNE

RÉCAPITULATION, PAR M. DE LAMARTINE.

PUBLIÉS

PAR M. GUIGUE DE CHAMPVANS

Rédacteur en chef du *Bien Public*.

PRIX : 1 F. 25 C.

MACON

CHARPENTIER, LIBRAIRE-ÉDITEUR

Décembre 1844

MACON. — IMPRIMERIE DE CHASSIPOLLET.

Cette Brochure est un témoignage de notre bonne foi et de notre respect pour toutes les convictions sincères. Elle prouve que nous ne craindrions pas *d'habiter une maison de verre*, selon la belle parole de Socrate. En effet, nous mettons le public dans la confidence de la discussion qui s'est établie entre nous sur les principales questions agitées depuis dix-huit mois, et des raisons qui ont déterminé notre Rédacteur en chef à suivre la ligne politique qu'il a adoptée. C'est une chose neuve que cette introduction du lecteur dans l'intérieur neuve du bureau de rédaction où nous le faisons pénétrer aujourd'hui. L'opinion publique ne s'aperçoit que trop souvent que les motifs qui dirigent les chefs de parti ne sont point ceux qu'on lui présente. Dans la modeste sphère où nous agissons, on ne nous fera point ce reproche. On jugera, par ce qu'on va lire, de la parfaite loyauté de nos intentions.

[illegible]

L'assemblée des actionnaires et fondateurs du journal *le Bien Public* s'est tenue dans le milieu du mois de novembre. Elle se composait de députés , de membres du conseil-général et des conseils d'arrondissement de notre département, et d'une foule d'hommes dévoués à nos principes. Notre Rapport *politique* sur les quinze mois qui s'étaient écoulés depuis la fondation de ce journal, sur les principes que nous avons soutenus dans l'entière liberté de nos actes , a donné lieu à une discussion des plus intéressantes. M. de Lamartine avait été nommé président de cette assemblée , et c'est en cette qualité qu'il avait résumé dans une improvisation d'une extrême beauté le sens général des opinions émises, improvisation qu'il a écrite plus tard et qui est devenue cet article intitulé : *Récapitulation,* qui a produit une si prodigieuse sensation dans toute la presse. Nous avons cherché à nous rappeler, le plus exactement possible, les sujets de la discussion , et nous avons donné, avec toute l'impartialité dont nous sommes susceptible , les opinions, nous ne dirons pas de nos adversaires, il n'y en avait point dans notre réunion , mais de nos amis qui paraissaient avoir , sur certaines questions , des préférences différentes des nôtres. Nous donnerons également nos réponses, et nous terminerons ce travail par la publication du dernier article de M. de Lamartine, qui en est le complément indispensable.

Dans peu de jours, nous aurons fini la carrière que nous nous étions engagé à fournir dans le *Bien Public*. Nous avions promis aux fondateurs du journal, parmi lesquels nous comptons nous-même, de ne pas quitter la rédaction avant d'avoir profondément enraciné la nouvelle feuille indépendante dans l'esprit des populations. L'appui que nous avons trouvé dans les lumières et le patriotisme de nos concitoyens, le concours que la presse de Paris et des départements nous a apporté, et, pardessus tout, la certitude de recevoir quelquefois des *communications* de l'honorable député de Mâcon, nous ont aidé puissamment à surmonter les obstacles sans nombre que soulève autour d'elle et de toutes parts une publication nouvelle. Nous avouons humblement que sans ces différents concours, malgré nos ardents désirs, nous aurions échoué dans notre tâche.

Après dix-huit mois de travaux, nous remettrons donc le *Bien Public* entre les mains d'un nouveau rédacteur, mais sans cesser d'être toujours dévoué à l'œuvre à laquelle nous avons sacrifié tout notre temps et tous nos efforts.

Avant de céder la place, après avoir témoigné au public tous nos sentiments de reconnaissance pour l'indulgence

aveclaquelleil a accueilli en général nos efforts, nous devons
encore lui dire que dans une rédaction où la liberté ab-
solue de nos actes nous avait été laissée par la confiance
de nos fondateurs, nous ne pouvons que protester de nos
excellentes intentions. Nous désirerions surtout dans
cette carrière nous être créé des amis. Nous espérons
n'avoir jamais offensé personne, même dans nos luttes les
plus vives. Nous avons essayé de faire constamment la
distinction de l'homme public et de l'homme privé. Nous
défendons avec chaleur nos principes, nous attaquons ar-
demment les opinions contraires aux nôtres, mais nous
avons écarté avec soin de la discussion toutes les person-
nalités, toutes les malveillances et toutes les épigrammes.
Notre modération n'altère cependant pas la fermeté de
nos convictions; mais quand on s'adresse à l'opinion publique, il ne faut pas la blesser, et le plus sûr moyen de
la tourner contre ses doctrines, c'est de paraître vouloir
les lui imposer. Nous avons parlé au nom de la liberté
et de la charité universelle. Nous serions bien inconsé-
quents si nous manquions les premiers aux grands principes que nous invoquons.

Nous remercierons encore un grand nombre de journaux de Paris qui ont bien voulu donner quelquefois à
nos opinions l'autorité de leur grande publicité; nous remercierons pardessus tout nos confrères du département,
soit d'Autun, soit de Chalon, soit de Mâcon, soit de Lyon.
Malgré des discussions assez vives sur les chemins de fer,
nos bons rapports d'amitié personnelle et de sympathie
politique n'ont point cessé avec le *Patriote de Saône-et-
Loire*. La bonne intelligence a toujours régné entre

notre feuille et le journal du docteur Ordinaire, à l'esprit *rabelaisien*. Nous avons eu le bonheur de nous rencontrer aussi avec M. Lenormand, rédacteur en chef du *Journal de Saône-et-Loire*, sur le terrain des intérêts matériels les plus graves de notre département. Nous quitterons donc cette rédaction en serrant la main de nos amis et souvent même celle de nos adversaires. Nous n'avons d'inimitié pour aucune opinion sincère, et nous ne détestons que le fanatisme, la violence et les injures. Heureusement le pays partage nos répugnances à cet égard. Nous apprécions donc le bonheur de vivre au milieu d'une population éclairée qui la première donne à ses organes l'exemple de la modération dans les projets, de la fermeté dans les actes, de la mesure dans les paroles et du bon goût dans les écrits.

M. de Lamartine, nommé président de l'assemblée des actionnaires et fondateurs du *Bien Public*, accorde la parole au rédacteur en chef pour donner communication de son rapport.

RAPPORT

DE M. GUIGUE DE CHAMPVANS

Rédacteur en chef du *Bien Public*.

MESSIEURS,

Il y a quinze mois que nous nous réunissions pour fonder dans notre département un organe nouveau de l'Opposition. Nous en avions tous les éléments ; il ne s'agissait que de produire avec ensemble nos forces alors isolées. Nous nous sommes mis à l'œuvre, et le succès a dépassé notre attente. Grace au concours de plusieurs de nos députés, parmi lesquels nous citerons MM. de Lamartine, Mathieu, Lacroix ; d'un grand nombre de membres du conseil-général ou de nos conseils d'arrondissement ; grace au zèle de quelques autres hommes dévoués à la cause de l'organisation de la démocratie, le *Bien Public* a pu paraître pour la première fois, le 1er septembre 1843. Peu de jours avaient suffi pour trouver le personnel d'une rédaction, pour désigner des collaborateurs, choisir des correspondants, nommer une administration, accomplir les nombreuses formalités exigées en pareil cas, et enfin assurer l'existence du journal contre toute fâcheuse éventualité par les généreux sacrifices que vous vous imposiez.

Vous m'avez fait l'honneur de m'appeler à la rédaction en chef du *Bien Public*. Avant d'accepter cette tâche, je me suis rendu compte des devoirs qu'elle commandait. Après avoir mûrement réfléchi, je me suis décidé à consacrer tout mon temps et tous mes soins à l'œuvre dont nous avions tracé le programme en commun. Ce programme, nous l'avions écrit sans effort ; il était la conséquence naturelle de nos convictions. Que voulions-nous en effet ? L'application progressive et mesurée des principes de la Révolution, principes épurés par l'expérience, principes simples et justes, faciles à concevoir, car ils sont dans le cœur de tous les hommes droits.

Nous disions :

« La France a une foi politique et sociale, et cette foi
« nous la partageons. Il y a cinquante-trois ans, elle l'a
« formulée ainsi : — Liberté, égalité, charité ; — et à
« travers toutes ses vicissitudes, malgré l'Empire, mal-
« gré la Restauration, malgré le *système* depuis 1830,
« malgré les mauvais ministres, les intrigants, les égoïs-
« tes ou les sceptiques, elle poursuit ses destinées. Elle
« tire parti de toutes les circonstances. Le pouvoir est-il
« dans des mains favorables ? ses principes passent dans
« les lois. Le pouvoir lui est-il hostile ? ils passent dans
« l'esprit des masses et préparent les bases d'un gouver-
« nement nouveau. Une seule loi libérale échappée par
« hasard à la destruction de la liberté, serait un levier
« suffisant pour remuer la France et le monde. La Ré-
« volution, c'est la Raison appliquée au Gouvernement,
« et personne ne peut se soustraire entièrement à son
« influence ; c'est aussi l'emploi de toutes les forces de la
« Société au profit de la Société. Il ne s'agit donc ni de

« bouleverséments ni de troubles, il s'agit de constituer
« l'ordre en organisant la démocratie. »

Tel était le but auquel je devais tendre ; il était déterminé et précis. Tel devait être aussi, dès son origine, le
but du Gouvernement de Juillet qui avait toutes les conditions nécessaires pour réussir. Mais, par un malheur
que tous les hommes sincèrement dévoués à nos lois ne
sauraient trop déplorer, c'était le Gouvernement lui-
même que nous trouvions sur notre route comme premier et principal adversaire. Nous avions à le combattre
non seulement sur le terrain des faits actuels, mais encore sur le terrain du passé.

L'histoire du demi-siècle que nous avons parcouru,
nous apprend que chacune de nos grandes conquêtes mo-
rales a été suivie d'une réaction. La réaction contre la
Révolution a été violente ; le 18 Brumaire, ce premier
coup d'Etat heureux contre la Révolution, s'est continué
dix ans à coups de gloire ; *elle s'appelait l'Empire.* La
réaction contre la charte de 1814 et de 1815 avait pour
drapeau l'alliance du trône et de l'autel, et s'appelait :
Le ministère des ordonnances. La réaction contre le progrès de 1830 a été servie tour-à-tour par tous les ministres qui se sont succédé au pouvoir ; elle s'appelle : *Le
système.* Tout cela, convenu entre nous à l'unanimité,
nous plaçait dans les rangs d'une opposition sérieuse,
d'une opposition qui demande compte des actes et qui
choisit les hommes qu'elle porte au ministère. Nous laissions de côté les ambitions décrépites et les ambitions
rajeunies, décidés à combattre énergiquement tous ceux

qui, sous prétexte de grossir nos rangs, nous apportent des principes opposés aux nôtres, et un passé déjà compromis.

La pente révolutionnaire du gouvernement s'est manifestée dès son origine. Cependant quelques lois libérales ont été votées à cette époque, mais chaque jour on cherche à en annuler l'effet. Telle est la loi sur l'instruction primaire.

Il est facile de se convaincre de la vérité de notre assertion sur la pente retrograde du Gouvernement, par un examen rapide des grands actes de sa politique intérieure et extérieure depuis quinze ans. Nous ne parlerons que de ces actes caractéristiques qui violent ouvertement les principes de la Révolution.

La France veut-elle une pairie héréditaire? Non.

Eh bien! on se rappellera qu'en 1831 le Gouvernement a fait tous ses efforts pour maintenir l'hérédité de la pairie et que le ministre de l'intérieur a présenté, soit à la tribune, soit dans une brochure que nous avons là, sous les yeux, une défense habile, énergique du pouvoir aristocratique. L'hérédité de la pairie a été effacée de notre constitution, malgré ce ministre et malgré le Gouvernement.

La France veut-elle le droit d'association? Sans doute.

Ce droit précieux et fécond a été supprimé, à la suite d'une émeute, par un de ces mêmes ministres dévoués au *système*.

La France veut-elle la liberté de la presse?

C'est pour circonvenir cette liberté que le Gouvernement a employé tout cet esprit de ruse, cette fatale habileté au moyen desquels on tourne une difficulté que l'on ne saurait vaincre en face. Il a miné le terrain autour d'elle. Aujourd'hui, cette liberté est plus apparente que réelle. Il faut être riche ou avoir déjà un certain crédit pour se passer la fantaisie de publier ses opinions. Le premier mauvais vouloir du Gouvernement s'est manifesté quand il a été question de la profession d'imprimeur, que l'on voulait rendre libre. Les choses en sont restées dans l'état où elles étaient sous la Restauration; c'est-à-dire qu'une coalition d'imprimeurs suffirait aujourd'hui pour supprimer de fait la liberté de la presse, en France. Puis, les lois de Septembre avec leur pénalité, leurs amendes énormes, l'exagération du cautionnement, les formalités minutieuses qu'elles exigent, ont détourné les capitaux des entreprises du journalisme. Les délits de presse ont été enlevés au juri; la pairie a été transformée en cour suprême. Ajoutez à ces mesures le piège tendu aux écrivains par la législation Bourdeau; aux imprimeurs, par la déplorable doctrine de la complicité; ajoutez la surprise faite à la chambre d'une disposition sur les annonces judiciaires; enfin, la ténacité du Gouvernement à maintenir, sur la pensée publique, l'impôt énorme du timbre, et vous aurez une idée assez exacte de l'amour du pouvoir pour la libre discussion.

Est-il besoin, pour prouver la marche rétrograde du Gouvernement, de rappeler l'évacuation d'Ancône, son refus d'intervenir dans les affaires de l'Espagne, livrée à l'anarchie; le refus du ministère du 12 mai, au sujet de l'Orient, d'entrer dans une politique ferme et hardie, d'accord avec l'Angleterre, pour abattre la puissance russe;

le refus de s'entendre avec l'Autriche pour empêcher l'alliance de la Russie et de l'Angleterre ; les dé-
monstrations sans résultat de 1840 , suivies de la note
du 8 octobre et de l'ordonnance illégale qui ouvrait un
crédit pour commencer les fortifications de Paris ?

Si tout cela ne paraît pas assez significatif , nous citerons la rentrée de la France dans le concert européen ,
car elle prouve notre humble attitude à l'étranger ; nous
parlerons encore de la loi de régence : elle démontre que
ce qui pèse le plus dans la main du ministère , du droit
du peuple ou de l'intérêt mal compris d'une dynastie,
ce n'est pas le droit national. Nous parlerons aussi de
ces bruits de dotation , que les organes officiels ou semi-
officiels jettent sans cesse dans la population pour l'habi-
tuer à une idée qu'elle repoussera toujours. Tout esprit
impartial jugera cette récapitulation suffisante pour conclure que le Gouvernement est aussi hostile à la Révolution au dedans qu'il est faible au dehors.

Voilà, Messieurs, quels étaient les sentiments qui nous
animaient quand nous avons entrepris de fonder un journal. Ai-je suivi sans dévier la ligne que nous nous étions
tracée ? Ai-je appliqué aux circonstances qui se sont
produites pendant les 16 derniers mois écoulés, les principes que nous avions émis en commun ? C'est à
vous d'en juger , et j'appelle sur ce point la discussion
et les observations de chacun de vous. Je réclame la responsabilité complète des opinions du journal pendant
tout le temps qu'il m'a été confié , et quels que soient
les conseils dont je me suis entouré , la liberté entière
que vous m'avez laissée ne me permet pas de partager

cette responsabilité. C'est donc à vous, messieurs, de vous prononcer, et, en disant votre opinion sur la direction que j'ai cru devoir donner à votre feuille, cette opinion servira de guide pour l'avenir.

Vous vous souvenez, Messieurs, des nombreuses questions traitées dans le *Bien Public* : questions politiques, questions sociales, questions administratives, etc., etc. ; et si certaines personnes ont remarqué une différence entre la solution donnée par nous à toutes ces questions et les solutions proposées quelquefois par l'Opposition, c'est que, placés loin des partis, nous n'avons suivi que l'inspiration de notre conscience et de notre raison. A quoi bon fonder un journal si nous ne devions pas rester nous-mêmes ? Sommes-nous restés fidèles à nos principes ? C'est là le plus important, et c'est là ce que vous aurez à décider. Au surplus, ces différences n'ont pu être signalées que depuis que les fâcheux effets de certaine alliance entre la gauche et le centre gauche se sont fait sentir dans le parlement et dans la presse. Nous avons refusé de suivre ce mouvement parce qu'il faussait nos doctrines et qu'il était contraire aux principes de la Révolution. Il ne pénètrera jamais bien avant dans la nation. Nous avons été les premiers à signaler cette alliance. On séduit des organes, mais on ne séduit pas des partis.

Dès notre début, nous avons demandé l'extension du droit électoral, l'atténuation des fortifications, l'abolition des lois de septembre, la révision de la loi de régence, etc., etc. ; puis, descendant plus avant dans les profondeurs de la société, nous avons demandé une foule de choses justes en faveur des classes les plus nombreuses et aussi les plus oubliées : nous avons réclamé contre la loi du recrutement, qui pèse entièrement sur le pauvre; nous avons traité la question des caisses d'épargne, en montrant la possibilité d'élargir le principe qui les avait fait créer ; nous avons dit au Gouvernement qu'il devait entreprendre les grands travaux de l'Etat, afin de pouvoir remédier constamment aux cessations de travail; nous lui avons dit que ses bienfaits devaient se répandre sur toutes les classes, qu'il y avait des misères sociales qui ne pouvaient être soulagées que par la charité sociale ; que l'agriculture, entravée dans les ventes de ses produits par des mesures intérieures maladroites ou par des tarifs à l'étranger qui attiraient des représailles contre nous, n'était pas aussi florissante qu'une longue paix devait le faire espérer.

Notre politique a été celle des masses, celle du peuple. Le peuple, c'est le nombre, et en faits d'intérêts matériels, le nombre, c'est la justice.

Nous avons surtout insisté sur ce devoir du Gouvernement et des Municipalités de donner l'instruction gratuitement aux classes pauvres par les écoles de l'Etat. N'est-il pas déplorable, en effet, de voir nos écoles primaires menacées dans leur existence par des efforts continus, sans que le Pouvoir paraisse même se soucier, non pas de développer, mais de maintenir les effets, déjà si mesquins, de la loi votée en 1331.

Nous n'avons pas négligé la politique extérieure. Nous croyons que la France veut la paix, mais non pas la paix à tout prix : nous croyons encore que ce sont les classes pauvres qui subissent les premiers malheurs de la guerre. Le moindre temps d'arrêt dans le travail se fait sentir dans la demeure de l'ouvrier et dans la chaumière du cultivateur ; la moindre baisse dans le prix de la journée prive l'artisan du nécessaire. Il est donc atteint de deux côtés à la fois : dans ses ressources et dans sa famille ; car ce sont à peu près ses seuls enfants qui entretiennent nos armées.

Est-ce à dire pour cela que la France doive s'humilier? A Dieu ne plaise ! il faut vouloir la paix avec fierté et grandeur d'ame, et c'est le seul moyen de l'obtenir et de l'assurer. Nous sommes donc de l'avis de Barnave : « *Les peuples*, disait-il, *sont pour la paix, tandis que les rois sont pour la guerre.* »

En effet, le meilleur moyen d'empêcher la raison de développer une nation, c'est de soumettre cette nation au régime du sabre, sous prétexte de nécessité patriotique. Il y a des cas, cependant, où il ne faut pas hésiter de faire la guerre, et où nous serions les premiers à la demander ; mais ces cas sont rares ; ils ne doivent pas être posés, par taquinerie, à tout propos ; il ne faut pas que la guerre soit le fond d'une politique, elle doit en être l'exception. Ah ! si nous étions intervenus en Espagne en 1836, comme c'était notre devoir ; si nous étions restés à Ancône, comme une saine politique le commandait, ou si nous avions pris hardiment en Orient le rôle qui nous convenait, et que quelques puissances, à ce propos, eussent voulu arrêter ces démarches légitimes de notre part, sans doute il n'y aurait pas eu à hésiter ; mais parce que le Gouvernement a méconnu les intérêts de la France dans ces circonstances, et parce que cette

2

partie de l'Opposition qui affecte des idées belliqueuses, ne pouvant avoir des idées libérales, n'a pas prévu, ou peut-être n'a pas voulu prévoir ces occasions où nous eussions été dans notre droit, fallait-il la suivre dans la voie tapageuse où elle prétend guider l'opinion ? Non , Messieurs. Nous blâmons la rentrée de la France dans le concert européen, cette rentrée effectuée par le ministère actuel , sans conditions et sans réparations ; nous blâmons encore son traité fait avec le Maroc, parce qu'il a négligé de demander des compensations aux frais de la guerre. Dans cette occasion recevoir de l'argent, c'eût été de la dignité ; mais parce que le ministère dit : *Paix à tout prix !* nous ne lui répondrons pas par ce cri barbare : *Guerre à tout prix !*

J'ai réservé pour la dernière question celle qui est la plus délicate ; je veux parler de la question religieuse que votre Journal a dû traiter quelquefois, mais au point de vue politique seulement.

J'ai respecté toutes les convictions religieuses quelles qu'elles soient. La discussion des dogmes n'était pas de notre domaine, et malgré des suggestions venues de camps opposés , j'ai su résister. Cependant je me suis prononcé pour la liberté de l'enseignement : un pays n'est vraiment libre que lorsqu'il a le droit de croire, de parler et d'enseigner ; mais nous nous sommes prononcé pour une liberté sérieuse et réelle ; et non pour une liberté fictive et dérisoire, donnant d'un côté toutes les subventions et toutes les faveurs, laissant de l'autre l'enseignement laïque à ses seules forces. Selon nous, *la seule condition de la liberté, c'est l'égalité.* Nous voulons l'égalité dans les conditions de ceux qui enseignent, c'est-à-dire la concurrence sincère des enseignements.

On nous a imputé une tendance irréligieuse ; on s'est trompé, ou nous nous sommes bien mal expliqués nous-mêmes. Nous ne connaîtrions pas notre temps, et nous serions indignes de tenir une plume, si nous ne savions que le sentiment religieux est le plus beau et le plus grand de tous les sentiments, et si nous ne le professions pas nous-mêmes. Mais nous ne l'estimons qu'autant qu'il est libre. Le despotisme des consciences n'est pas moins flétrissant, à nos yeux, que le despotisme de l'arbitraire.

Qu'il nous soit permis de le dire, à notre tour : c'est une croyance profonde qui nous fait parler, agir et écrire. Nous voulons la liberté pour tous, et par conséquent pour nous. Un peuple vraiment libre deviendrait un peuple religieux, s'il ne l'était déjà. L'idée de la Divinité est au fond de la raison humaine, comme l'adoration est au fond de tous les cœurs. Il n'y a pas d'institution plus favorable à l'intérêt religieux que la liberté ; et quand on combat pour elle on combat aussi pour Dieu !

— J'arrive à des questions moins élevées, mais qui sont dignes de votre sollicitude : aux questions d'intérêts matériels de notre département. Vous avez pu remarquer que nous leur avons fait une grande place dans notre Journal. Nous avons assisté à deux sessions du conseil-général ; nous avons entretenu avec soin nos lecteurs de ses travaux. Nous n'avons pas craint de seconder l'administration du département, qui nous paraissait animée des meilleures intentions ; nous avons étudié une foule de questions agricoles et commerciales ; et enfin, nous avons fait tous nos efforts pour faire comprendre à nos populations l'immense intérêt qui s'attachait à la loi du chemin de fer de Paris à Lyon.

Nous regrettons qu'une ville voisine ait pu croire qu'il y avait rivalité ou jalousie de notre part. Nous chercherons toutes les occasions de lui témoigner, quand les circonstances se présenteront, qu'elle a été dans l'erreur et que ses intérêts nous sont aussi chers que les nôtres.

Depuis, nous avons visité nous-même les lieux par où devrait passer une route de fer qui irait de Genève à Mâcon et relierait la Suisse méridionale à la grande ligne de l'Océan à la Méditerranée ; nous voyons avec plaisir plusieurs organes sérieux de la presse s'occuper de ce projet. Votre journal se propose d'étudier à fond toutes les nombreuses questions d'intérêt local que des besoins nouveaux font surgir.

Ma tâche est près de finir, Messieurs ; j'ai la conviction d'y avoir montré tout le dévouement qui m'était commandé par la confiance que vous m'avez accordée et par la sincérité de mes opinions politiques ; je regrette seulement de n'avoir apporté qu'un ardent désir de bien faire et les intentions les plus droites. Je regrette aussi de ne pouvoir dépasser davantage le terme que je m'étais assigné pour diriger votre Journal, mais d'autres soins ne me laisseraient pas le temps nécessaire de me livrer exclusivement au succès de notre œuvre. Je ne cesserai pas pour cela, si vous le permettez, d'être un collaborateur zélé et actif.

Tel est, Messieurs, le résumé de nos travaux pendant 16 mois. Je manquerais à la justice, autant qu'à la reconnaissance, si je négligeais de vous dire combien j'ai été heureusement secondé par deux collaborateurs, MM. Ch. Rolland et Dubief, dont vous avez apprécié le remarquable talent , et par le zèle des personnes chargées de l'administration. C'est ainsi que nous avons résolu, par le fait, le problème difficile de créer un organe indépendant dans le sein d'un département où des journaux justement accrédités possédaient déjà de nombreuses clientelles. Parmi ces conditions de succès , il serait injuste d'omettre l'heureux concours que nous avons rencontré dans les opinions patriotiques et dans les lumières actives de nos concitoyens ; aussi bien que dans le retentissement qui nous a été prêté à Paris et dans les départements par les organes libres de la publicité.

GUIGUE DE CHAMPVANS.

Mâcon, 20 novembre.

DISCUSSION.

Un **membre** propose de témoigner à M. de Champvans les regrets que sa retraite inspire aux fondateurs du Journal, ainsi que la reconnaissance de l'assemblée pour le zèle soutenu et pour le talent croissant qu'il a mis avec tant de désintéréssement au service de la pensée commune. Il espère que les années que le jeune rédacteur en chef veut consacrer aux études sérieuses de l'économie publique et dévouer au culte du patriotisme, ne priveront pas entièrement le *Bien-Public* de ses intéressantes communications.

Ces remerciements, ces regrets et ces vœux sont adoptés à l'unanimité et enregistrés au procès verbal. [1]

Un Membre :

« Le programme a été suivi par M. de Champvans : je le reconnais. Mais un fait nouveau, très important, s'est manifesté dans l'état des partis au commencement de la session dernière. M. Thiers et son parti, M. Barrot

---

[1] Ce passage est écrit en entier, dans le procès-verbal, de la main de M. de Lamartine lui-même, qui a bien voulu demander avec les autres personnes présentes qu'il fût inséré dans cette brochure.

et une partie de la gauche ont paru agir de concert et vouloir former ensemble une Opposition de coalition. Avez-vous bien fait de ne pas vous réunir ? N'y avait-il pas et n'y aurait-il pas plus d'avantages encore que d'inconvénients à la fusion des Oppositions ? N'y gagnerions-nous pas de la force morale par suite de l'accroissement numérique de l'Opposition ? M. Barrot n'a pas consenti sans doute à s'allier de nouveau à M. Thiers sans faire des conditions, et dès-lors ne serait-il pas plus prudent de suivre la sage et habile impulsion de ce chef, qui assurerait le pouvoir à l'Opposition, d'ici à une époque assez rapprochée ? »

Voici la réponse que nous avons faite à ces observations :

« Nous concevons la gravité apparente de l'objection, et nous serions coupables de signaler comme nous le faisons, à l'Opposition, le danger de son alliance suicide avec les hommes du 1er *mars*, s'il pouvait y avoir entre l'Opposition et ces hommes un *passé* commun, des *moyens* communs et un *but* commun. Or, le *passé* des uns et des autres est entièrement opposé ; les *moyens* ont été toujours différents, et le *but* n'est pas le même. L'union donc ne saurait être que menteuse, fictive, momentanée, et tout mensonge de situation retombe tôt ou tard sur les partis qui se les permettent. Il n'y a qu'une politique, c'est la politique honnête.

« Nous disons que le *passé* de l'Opposition et celui des hommes du 1er mars sont différents. Les quatorze années

qui viennent de s'écouler sont là pour l'attester. Pendant
ces quatorze années, les hommes du 1er mars ont été
toujours dans le gouvernement, l'Opposition toujours
dehors. A la tribune et dans la presse, comme dans les
élections, ils n'ont pas cessé de former deux camps, toujours en face l'un de l'autre. L'Opposition revendiquait
pour la Révolution de Juillet des lois populaires, des
élections très larges, l'application de tous les principes
de la liberté dans le gouvernement, une attitude de la
France imposante en face de l'Europe, des interventions
légitimes en Espagne et en Orient, la liberté réglée du
droit d'association, le juri pour les délits politiques,
l'organisation et la mobilisation d'une partie de la garde-
nationale pour répondre au pays de lui-même et pour
garder la liberté avec ses propres forces, la presse déli-
vrée de toutes ses entraves, les députés de l'action cor-
ruptrice des influences locales et surtout de la corruption
ministérielle; enfin, une politique nationale au lieu d'une
politique dynastique.

« Les hommes du 1er mars ont présenté, voté et fait
voter à la chambre l'hérédité de la pairie, les lois de septembre, les lois contre l'association, les lois contre la
presse, les lois contre le juri politique, les lois des fortifications de Paris, la loi de régence; et, dans leur politique étrangère, ils ont abandonné, répudié, quelquefois insulté toutes les causes sympathiques au dehors à
la Révolution française. Ils ont ainsi détaché les espé-
rances de tous les peuples de nous, et renfermé la France
dans un cercle d'égoïsme qui devient pour elle un cercle
d'isolement.

« Quant aux *moyens*, les hommes du 1ᵉʳ mars en ont employé de conformes à leur cause. Pendant que l'Opposition demandait la politique honnête, la politique libérale, la politique de publicité, la confiance dans les lumières et dans l'esprit d'ordre des populations, l'introduction graduelle dans les masses de l'exercice des facultés de citoyen, une représentation spéciale de leurs intérêts et de leurs besoins dans la représentation générale, les politiques du 1ᵉʳ mars agissaient par la répression brutale, par des mesures restrictives, par des catégories exclusives, par tout ce qui concentre dans le petit nombre le droit et l'exercice des facultés du citoyen, et enfin par le moyen qui use et qui tue le plus la conscience d'un pays libre : l'appât des faveurs, les votes achetés et la corruption érigée en système.

« Le *but* enfin n'est pas moins différent que les moyens.

« L'Opposition a toujours voulu, veut encore et voudra toujours donner le gouvernement à la nation, sans attenter pour cela à cette personnification de l'unité nationale qu'on appelle monarchie. Les hommes du 1ᵉʳ mars ont toujours voulu, veulent encore et voudront toujours arracher le gouvernement aux classes nombreuses, le concentrant dans le petit nombre, aristocratiser la liberté et faire absorber les grandes masses de la nation par la monarchie représentative, appuyée sur deux conseils. De ces différences essentielles entre l'origine, les moyens, le but des politiques du gouvernement de Juillet et de l'Opposition, résulte une *antipathie organique*, qui ne leur permet pas de s'allier sans abdiquer leur nature et, par conséquent, sans perdre toute leur force.

« Ces deux partis ont tenté de s'unir trois fois, et trois fois il en est résulté la ruine de l'Opposition. L'expérience n'est donc pas moins contraire que les principes à une quatrième tentative de fusion qui a été proposée.

« La première expérience fut faite en 1838, à l'époque de cette manœuvre parlementaire que l'on a appelée la coalition. On vit alors les chefs des partis les plus opposés, MM. Barrot, Berryer, Dufaure, Thiers, Passy, Jaubert, Guizot, s'allier dans l'intérêt soi-disant commun du renversement d'un cabinet et du triomphe de la vérité parlementaire. Cette coalition triompha en effet, mais bien loin de faire triompher avec elle la vérité parlementaire, sa victoire fut à l'instant même le signal de la division de toutes ces volontés incompatibles. D'éclatantes apostasies signalèrent le mensonge des engagements. Les hommes du pouvoir, après s'être servis de l'Opposition comme de marchepied, la rejetèrent avec dédain du partage au gouvernement; ils ne tardèrent pas même à l'insulter, et l'Opposition s'aperçut trop tard qu'elle n'avait fait que changer d'ennemis et prêté sa popularité à une intrigue.

« La seconde fois, ce fut pendant le ministère du 1er mars. L'Opposition, pour soutenir ce cabinet qui ne lui donnait aucun gage, abdiqua ou ajourna presque tous ses principes. Elle vota jusqu'aux fonds-secrets; elle poussa la complaisance jusqu'à perdre la confiance du pays; elle appuya le ministère dans la fausse et mesquine politique qu'il avait adoptée dans la question turque; elle devint ainsi, quoiqu'innocente, solidaire de toutes ses fautes, responsable des armements et des cent millions que la politique de ce cabinet coûta au pays pour aboutir à l'abandon de la Méditerranée, au partage de l'Orient entre la Russie et l'Angleterre, au rappel de notre flotte pendant que le canon anglais retentissait à Beyrouth, et enfin à cette note du 8 octobre; que l'un de nous a si justement appelée le *Waterloo de la diplomatie française*.

« La troisième fois enfin, ce fut à l'époque où les hommes du 1er mars voulurent imposer à la France, sous prétexte de sa sécurité nationale, ces fortifications de Paris qui livrent la liberté et la représentation emprisonnée, dans la capitale, à la *merci d'un coup d'Etat*. L'impopularité qui s'attacha à cette mesure contribua de plus en plus à l'affaiblissement de l'Opposition.

« Après ces trois expériences, peut-on lui en proposer une quatrième sans que le piège grossier qu'on lui tend ne frappe à l'instant les yeux de tous les hommes réfléchis? Nous savons bien que les passions des partis sont toujours prêtes à tomber étourdiment dans tous ces pièges; mais notre devoir comme publiciste est-il de servir les passions aveugles de tous les partis? n'est-il pas au contraire de porter la réflexion, les lumières, l'expérience dans les conseils de nos amis, et de risquer même de leur déplaire en les avertissant du danger? Que ferait l'Opposition si, en s'alliant de nouveau avec les hommes du 1er mars, elle était appelée avec eux au pouvoir? Ou il faudrait qu'elle les forçât à se démentir sur tout et à faire amende honorable au pays de quatorze ans d'erreur, ou il faudrait qu'elle se démentît elle-même. Dans les deux cas, l'exercice du pouvoir lui deviendrait im-

possible : se démentir au pouvoir, c'est se déshonorer ;
un parti déshonoré ne gouvernera jamais la France.
L'Opposition n'aurait donc compris le pouvoir qu'à la
condition de le voir impuissant et avili entre ses mains :
ce n'est pas ainsi que nous comprenons sa mission.

« Nous persévèrerons donc à prémunir nos amis des
départements contre la mésalliance que des conseils intéressés et suspects voudraient bien faire contracter. »

Un membre appuie ce discours par quelques nou-
velles considérations puisées dans ce qui s'est passé lors
de la première et célèbre coalition. Ainsi que l'a dit
l'honorable préopinant, MM. Thiers, Barrot, Guizot,
Berryer étaient confondus ensemble. Le lendemain de la
victoire, le gouvernement en commun leur a été impossible. Leurs principes juraient de l'administrer ensemble ; ils ont été forcés de se désunir de nouveau.

Cette division a semblé trahir plus d'ambition que de
patriotisme dans chacun des membres de cette coalition.
Le pays, qui aime avant tout la probité politique, s'est
scandalisé, détaché, et l'Opposition a reçu de son
triomphe même, dans cette circonstance, le coup presque
mortel dont elle a tant de peine à se relever aujourd'hui.
M. Guizot lui-même, membre défectionnaire de cette
coalition, a fait ressentir le contre-coup de cette décon-
sidération au Pouvoir. Ne pouvant pas s'appuyer franchement sur son parti, il a été obligé de faire des conces-
sions timides à l'Europe ; il n'a pas pu rétablir avec
dignité l'attitude de la France compromise par le ministère de 1840, il a été condamné à une paix servile, au

lieu d'être ministre d'une paix nationale, glorieuse et indépendante de l'Angleterre.

Si l'Opposition de coalition vient à triompher, les
mêmes choses se passeront. L'Opposition au pouvoir
sera forcé de pactiser avec les fautes passées du 1er mars,
d'adopter les erreurs commises dans la politique d'Orient,
les lois illibérales de septembre, des fortifications, etc.:
par-là même, elle sera décréditée avant de gouverner, et
ne pouvant plus gouverner avec ses principes à elle, elle
serait forcée, comme M. Guizot, de s'incliner devant le
Système, devant l'Europe, devant l'Angleterre surtout,
et de devoir à ces honteuses condescendances une vie
faible et courte, qu'elle ne pourrait plus emprunter à
l'énergie et à la vertu de ses propres opinions. Les coali-
tions sont la décomposition des deux partis à la fois. Les
idées n'ont de valeur qu'autant qu'elles sont entières.
Quand l'Opposition et le Pouvoir s'allient, il n'en résulte
pas l'harmonie, mais le désordre. Il n'y a plus alors ni
Opposition, ni Pouvoir. C'est le pire état pour un pays;
c'est l'état dont nous sommes menacés, et où la fausse
tactique d'une partie de la gauche nous conduira inévita-
blement bientôt. Vous avez dû résister à cette tactique;
ne vous inquiétez pas du plus ou moins de faveur publique, etc., etc. La logique est avec vous et on reviendra à vous.

Un membre. J'aurais désiré que le Journal se prononçât
davantage contre l'Angleterre.

Un autre membre. (Écoutez ! écoutez !) Distinguons :
un grand pays comme la France ne doit jamais menacer
sans frapper. Si nous croyons devoir demander au Gouver-

nement la rupture de toute harmonie avec l'Angleterre, il faut le dire franchement ; il faut motiver cette rupture d'harmonie par des faits graves et qui vaillent la guerre, et enfin il faut se rendre compte des conséquences. Nous ne nous faisons point d'illusion sur l'alliance anglaise, nous ne la croyons point l'alliance définitive et naturelle de la France. Dans l'avenir nous pensons que les rivalités industrielles, maritimes, commerciales établiront tôt ou tard et établissent dès aujourd'hui une certaine lutte entre ces deux grandes nationalités. Nous ne savons pas ce qui résultera un jour de cette lutte, ni si un coup de canon tiré sur quelques mers n'allumera pas un incendie nouveau sur le globe ; notre pensée n'est donc pas, pour la France, l'alliance anglaise à tout prix ; mais nous savons nous rendre compte de la situation *actuelle* et *transitoire* de la France et de l'Europe depuis la Révolution de Juillet. La France ne peut pas se dissimuler qu'en renversant son trône, en changeant ses institutions, en exilant sa vieille dynastie, elle a inquiété et ébranlé toutes les dynasties et tous les trônes des vieilles monarchies en Europe. Si le lendemain de la Révolution de Juillet, il eût convenu à la politique de l'Angleterre, de reformer la coalition de 92 contre nous, elle le pouvait ; la liberté du monde eût été de nouveau livrée au sort d'une guerre désespérée. Qu'en serait-il sorti ? nous n'en savons rien ; nous croyons que la victoire définitive serait restée à la Révolution et à la liberté ; mais cette victoire, dans tous les cas, eût été achetée par des flots de sang humain, et par un ajournement indéfini de la richesse et de la civilisation du monde. Peut-être le Gouvernement anglais aurait-il voulu prendre ce parti contre la France, nous l'ignorons encore; mais lors même que le Gouvernement anglais l'eût voulu, la nation anglaise ne l'aurait pas permis. Quel que soit l'égoïsme dont on l'accuse, il n'est aucun esprit juste en Europe qui n'accorde à ce peuple un grand respect pour sa propre liberté et un sentiment de sympathie profond pour les institutions libérales chez les autres peuples. Une guerre contre la France, pour cause de révolution libérale en France, eût été souverainement impopulaire en Angleterre, et cette impopularité aurait écrasé à l'instant le ministère anglais. Qu'en résulta-t-il? c'est que le Gouvernement anglais fit ce qu'il avait fait en 1790, et reconnut à l'instant la légitimité de la Révolution française. Cette reconnaissance imposa respect à l'Europe. Les Puissances furent obligées d'ajourner tout leur ressentiment et de se tenir vis-à-vis de la France dans un état qui n'était ni la paix ni la guerre, mais qui nous laissait le temps de nous raffermir, de nous organiser, de nous armer et de suffire aux difficultés d'une crise contre-révolutionnaire, si jamais l'Europe osait la provoquer. La question belge qui dans les conférences de Londres fut résolue, beaucoup plus pour nous que contre nous, fut le premier avantage que la France recueillit de l'alliance anglaise. La question espagnole, qui s'ouvrit bientôt après, fit conclure le traité de la quadruple alliance, traité par lequel le système constitutionnel en Europe élargissait sa base et prenait son aplomb en face des puissances absolutistes. Au moment où s'ouvrit la question d'Orient, l'Angleterre ne se posa point contre l'intérêt français dans le principe; au contraire, elle proposa par une note secrète, devenue publique depuis, d'allier sa flotte à la flotte française, de forcer ensemble les Dardanelles, de s'emparer de Constantinople, d'en fermer l'accès à la Russie et de se partager à deux l'influence et la domination de tous les rivages de la Méditerranée qui échappaient à la Turquie. La France refusa, et ce n'est que par suite de ce refus et de la fausse politique de 1840 que l'Angleterre fut rejetée malgré elle dans l'alliance russe, qui lui est antipathique, et que la France fut jetée dans l'isolement où elle est aujourd'hui.

Dans cet état de choses, amenée par des fautes dont il est impossible d'absoudre jamais le cabinet français, et où M. Thiers, M. Guizot et le Système n'ont lutté que d'impéritie, quelle serait l'attitude de la France, si, comme vous le conseillez, elle intentait une guerre systématique à l'Angleterre? La France se retrouverait encore une fois comme en 92, ou comme au lendemain de Juillet, seule contre tout le continent, avec l'Angleterre de moins de son côté. Est-il d'une politique raisonnable, de précipiter systématiquement son pays dans une guerre désespérée, comme le devient toute guerre d'un contre tous? N'est-il pas évident que les sympathies du peuple anglais, du parti libéral en Angleterre, qui contiennent aujourd'hui le Gouvernement anglais dans une certaine mesure d'égards et de bonne harmonie avec la France, vous abandonnerait tout-à-coup et passerait à une hostilité déclarée contre vous? Or, du jour où la sympathie de l'Angleterre cesserait de contenir et d'intimider les ressentiments des Gouvernements absolutistes contre la

France, n'est-il pas évident aussi qu'à la première querelle, la France aurait la guerre à la fois sur toutes les
mers, sur toutes les frontières et aurait à suffire à une
lutte contre un million cinq cent mille combattants,
dirigés par des cabinets ennemis de notre Constitution,
et soldés par les subsides de l'Angleterre. Est-ce là une
politique sage qui puisse servir de base au Gouvernement
de l'Opposition en France? N'est-ce pas plutôt une politique incendiaire de l'Europe, ruineuse pour la France,
et qui ne lui laisserait d'espérance que dans l'énergie de
son désespoir même. La véritable politique de l'Opposition, au contraire, n'est-elle pas de préparer à son pays
ce que les 14 ans de la fausse politique de Juillet n'ont
pas su lui donner, un système d'alliance continentale, et
en attendant, de se tenir vis-à-vis de l'Angleterre dans
une attitude digne, défiante, froide, sans illusion comme
sans colère; de ne pas briser soi-même le *nœud* d'une
paix précaire, mais nécessaire encore, et de voir si ces
deux grands peuples revenant peu à peu des ressentiments de 1840, et comprenant pour l'un et pour l'autre
les bienfaits de l'harmonie et de la concurrence, ne trou-
veront pas le monde assez vaste pour y avoir chacun leur
place et pour s'y partager deux influences qui pourraient
suffire amplement à l'ambition de chacun, l'influence
orientale à l'Angleterre, l'influence occidentale à la
France. Dans tous les cas, la sagesse veut, comme la
bonne politique, que l'on donne du temps à la réflexion
des deux peuples; que l'on donne du temps aussi à la
réconciliation possible de la France et de quelques puissances du continent, comme l'Autriche ou comme la

Russie, et que si le jour fatal d'une lutte entre l'Angleterre et la France doit se lever, ce jour ne nous surprenne pas seuls avec des ennemis devant nous et des ennemis derrière nous, mais qu'il nous trouve en face de l'Angleterre, appuyé sur une partie imposante du continent. Voilà, selon moi, la véritable attitude de la France vis-à-vis de l'Angleterre, et la vraie politique d'expectative et d'observation à laquelle nous condamnent pour le moment les fautes commises depuis dix ans. Un journal qui place sa conscience dans son patriotisme et qui mesure la portée de ses paroles ne pouvait donc pas s'associer à toutes ces injures contre l'Angleterre, injure toujours peu digne d'un grand peuple? Quand une nation veut sérieusement la guerre, elle arme autre chose que ses journaux et sa tribune; elle respecte trop les paroles d'un peuple pour les prodiguer en vain. J'approuve donc la réserve que le *Bien Public* a apportée dans toutes ses petites questions irritantes de Taïti, du droit de visite, du Maroc, soulevées entre les deux gouvernements; et tant que la France n'aura reçu aucune injure réelle, je l'engage à n'en adresser aucune aux gouvernements étrangers. La diplomatie seule ne doit pas être réservée et prudente, l'opinion doit l'être aussi, car l'opinion c'est la diplomatie des peuples.

Un membre. M. le Rédacteur en chef a-t-il donné toute l'énergie suffisante aux réclamations de la presse, contre les envahissements du clergé en matière religieuse et en matière d'enseignement? Sans doute, nous avons reconnu dans la feuille une tendance constante à prévenir l'empiètement de la liberté civile par la liberté religieuse ; il s'est opposé à ces manifestations collectives du corps du clergé contre les lois de l'Etat sur l'enseignement public ; il a même publié des lettres d'un desservant, dont la consciencieuse indépendance résistait à cet entraînement de son corps et protestait, au nom de la religion elle-même, pour la liberté et pour la concurrence des idées; mais s'est-il prononcé assez franchement pour la domination de l'Etat sur l'esprit des générations?

UN AUTRE MEMBRE. Je diffère de l'opinion du préopinant. Je ferai plutôt le reproche contraire à la rédaction du *Bien Public*. Un journal représente des opinions et ne représente pas les consciences. La conscience est individuelle et ne donne son mandat à personne. Tout ce qui se passe entre elle et la foi est inviolable. Les consciences sont justement susceptibles. Les toucher seulement, c'est les blesser. La rédaction du *Bien Public* aurait donc dû, selon moi, s'abstenir de toute intervention dans le domaine des croyances. Partisan de la liberté, nous la voulons sincèrement ; mais la liberté n'est pas moins violée par les paroles que par les actes. Nous aurions donc désiré que le journal n'eût pas même touché par des paroles à des matières si délicates et qui s'enveniment si facilement.

RÉPONSE DU RÉDACTEUR EN CHEF. Nous avons été bien mal compris par les deux préopinants, dont l'un nous accuse d'avoir trop abandonné la cause de l'Etat dans l'enseignement; dont l'autre nous accuse d'avoir attenté, par quelques reproches, à la liberté des croyances. Notre intention a toujours été de nous tenir, à cet égard, dans

les limites suivantes : Le maintien du droit de l'Etat,
d'enseigner lui-même, de surveiller l'enseignement mo-
ral des populations qu'il représente, et le maintien,
non moins inviolable dans le clergé, d'enseigner librement, sous la volonté des familles, la partie de cette population qu'il convient aux familles de lui confier. Nous
nous sommes expliqués très clairement à cet égard, dans
un article que nous avons publié, intitulé : L'*Etat*,
l'*Eglise* et l'*Enseignement*. La part de chacun y était faite
avec tant de fermeté à la fois, que personne n'a protesté,
et que cet article, reproduit par toute la presse du
royaume, y a obtenu partout l'acquiescement général.
Qu'on ne nous accuse donc pas de faiblesse. La Révolution française n'a pas renversé en vain deux despotis-
mes : celui du pouvoir absolu ; celui d'une religion de
l'Etat exclusive. Ce qu'elle a fait à cet égard, nous voulons
non-seulement le maintenir, *mais le compléter*. Nous ne
voulons pas que l'Etat se subordonne lui-même à aucun
corps, quelque respectable qu'il soit ; son devoir est de
les dominer tous, et de les subordonner tous à la loi générale, qui est la liberté sincère des consciences et de
l'enseignement. S'il prêtait ses forces, ses budgets, sa
protection exclusive à ces corps pour opprimer les enseignements privés, il détruirait toute concurrence, et il
proclamerait une liberté dérisoire, qui serait sans cesse
renversée par les richesses et les faveurs qu'il prêterait
à un *seul* parti. Mais nous ne respectons pas moins la
liberté d'un côté que de l'autre, et tout ce qui ressem-
blerait à une gêne, à une proscription, à une persécu-
tion contre le clergé enseignant, nous aurait également

pour adversaires. Nous croyons que c'est de la lutte de l'esprit humain avec lui-même que naissent les progrès moraux des nations. *Nous voulons cette lutte* ; nous ne voulons pas arbitrairement décider la victoire au gré de nos convictions personnelles. Nous croyons qu'il y a quelque chose au-dessus de nos convictions personnelles : c'est le droit de tous de n'obéir, en matière de foi et d'enseignement, qu'à leurs propres convictions.

Nous nous efforcerons de rester, en ce qui touche à ces graves questions, dans cette neutralité respectueuse qui n'empiète jamais sur le domaine des croyances, mais qui ne laisse pas empiéter non plus sur le domaine de la loi, de la liberté et de la *raison.*

Après cette discussion, l'assemblée consultée prend des conclusions unanimes, déclare qu'elle soutiendra le journal dans la ligne que la discussion elle-même vient de tracer, et qu'elle est prête à tous les sacrifices pour conserver dans le département l'organe des opinions qu'elle a fondé.

L'assemblée prend encore quelques autres conclusions de nature à propager davantage le journal, à améliorer quelques-unes de ses spécialités.

M. de Champvans ayant donné sa démission, une commission est nommée pour s'occuper, à Paris, du choix d'un nouveau rédacteur.

L'assemblée s'ajourne à trois mois.

RÉCAPITULATION

PAR M. DE LAMARTINE.

Le Journal *Le Bien Public* a été fondé pour servir d'organe à l'Opposition non *radicale*, mais *sérieuse*, qui surgissait de toutes parts dans le pays à la fin de 1843. Il y a plus d'un an qu'il existe. Récapitulons ses actes, et examinons si les différentes mains qui ont concouru avec dévouement et avec éclat à sa rédaction, l'ont maintenu dans la ligne tracée par la pensée de ses fondateurs.

Mais une œuvre de ce genre n'est point indépendante des circonstances. Voyons dabord celles que nous avons eues à traverser.

La France est révolutionnaire ou elle n'est rien. La Révolution de 89 c'est sa religion politique. Si elle en abdique les dogmes, si elle en fausse les principes, si elle en ajourne indéfiniment les conséquences pratiques, elle se désavoue elle-même, elle n'est plus que la captive de 1815, la grande repentie des nations demandant pardon aux préjugés de les avoir détruits, aux trônes de les avoir abaissés, à l'Europe de l'avoir vaincue. Ce rôle, que l'on n'oserait lui imposer par la force, pourrait-on le lui faire accepter par astuce et par lassitude ? Nous ne l'avons pas cru ; et si nous nous sommes trompés, nous nous glorifions de notre erreur. Il y a des avilissements dont ont est fier de n'avoir pas pu soupçonner son pays.

Cependant, depuis 1834 la Révolution française perdait à la fois des institutions au dedans, des positions au dehors. A la faveur d'une réaction d'ordre nécessaire dans le commencement contre les émeutes sans but et contre les ébranlements continués de la secousse de Juillet, le gouvernement faisait, d'année en année, de session en session, de projet de loi en projet de loi, rétrograder la Révolution de tous ses principes. Cela s'appelait et cela s'appelle encore rentrer dans la monarchie. Comme si on rentrait jamais en reculant dans des institutions traversées ! On marchait, et l'on marche évidemment, à un état de choses où de toute la Révolution française, de son génie, de sa gloire, de son sang, il ne resterait plus qu'un seul fait réel, une dynastie changée sur un trône et une représentation étroite et corrompue de la nation. Lois de septembre, loi contre la presse, loi contre le juri, transformation de la pairie en tribunal politique, lois contre les associations, loi de dotation, loi de régence, loi des fortifications de Paris, politique étrangère, tactique intérieure, tout révélait la même pensée. Ce qu'on ne pouvait écraser par le vote des majorités, on l'amortissait par des faveurs vénales. On se vantait d'une corruption comme d'une victoire. On louait une défection comme une vertu. Une apotasie achetée dans le parlement était étalée comme une dépouille opime. La conscience privée était à l'encan. La conscience publique fléchissait devant d'heureux scandales, l'immoralité descendait d'en haut, l'incorruptibilité passait pour *niaiserie* ou pour *faction*. Les mots étaient retournés, et la perversion politique refesait une langue à l'usage des acheteurs et des achetés. Ce noble commerce s'appelait *habileté* dans les uns , *transaction* dans les autres. Pendant ce temps-là , la coalition sourde des puissances contre la France subsistait , et nous laissions échapper une à une toutes les occasions de rompre en deux l'armée diplomatique de l'Europe. Nous abandonnions l'Espagne, notre seul alliée constitutionnelle , tantôt à l'anarchie, tantôt à la guerre civile , aujourd'hui aux carlistes , demain à la soldatesque , bientôt aux restaurateurs du pouvoir absolu. Nous évacuions Ancône, et nous enlevions notre drapeau d'Italie, de peur qu'il restât une espérance d'indépendance, et qu'il s'exhalât un seul soupir vers la France sur un sol livré à l'Autriche et qui pouvait se volcaniser un jour sous nos pas. Tout cela se faisait avec progression , avec suite , avec ensemble , comme un tissu qu'on déplie peu à peu , et dont on ne voit le dessin que quand il est tout entier déroulé. Ce n'était pas un cabinet et un ministre seulement qui prêtait sa responsabilité à ces actes ; c'étaient tous les cabinets et tous les ministres, ou tous ensemble , ou tour-à-tour, selon le temps et les circonstances. L'un faisait les lois de septembre , abandonnait l'Italie, aliénait la Suisse ; l'autre désertait Ancône, un troisième perdait à la fois la Turquie, la Syrie, l'Egypte, agitait un moment l'Europe et se retirait en laissant à ses successeurs le retentissement du canon de St-Jean-d'Acre et la note du 8 octobre ; ils se rejetaient l'un sur l'autre les fautes perpétrées en commun , puis se réconciliaient bien vite pour entraîner le parlement dans des fautes plus graves. Ainsi nous voyons les ministres des deux nuances se réunir pour imposer à la France les *fortifications* de Paris. Ainsi, un an plus tard, les voyons-nous de nouveau faire trève à des dissentiments insignifiants pour imposer à la nation la loi d'*abdication du peuple* qu'on appelle la loi de *régence*. Toutes les fois qu'il s'agit de se disputer le pouvoir ministériel, il y a deux partis ; toutes les fois qu'il s'agit de dépouiller la nation d'une de ses prérogatives, et de substituer la dynastie à la constitution, il n'y en a qu'un contre nous. Les hommes ont deux noms, mais il n'ont qu'une ame, et sous ces noms différents c'est le même ministère qui pèse sur la liberté et sur la grandeur du pays. A de pareils symptômes est-il possible de se tromper si on ne veut l'être ? Est-il permis de fermer les yeux et de ne pas connaître une pensée unique et continue, un *système* enfin tour-à-tour personnifié dans un certain nombre d'hommes à ses ordres, et changeant quelquefois ses instruments, jamais sa pensée, ou plutôt, comme un général habile, employant, selon les besoins de la circonstance, tantôt son aile droite, tantôt son aile gauche à envelopper la liberté et à cerner la Révolution ?

Nous avons donc dit : Combattons le *système*, non pas dans un seul de ses ministres, mais dans tous ceux qu'il a employés ou qu'il emploiera ; ne laissons plus prendre l'Opposition à ce jeu ridicule, qui consiste à lui présenter tour-à-tour le ministre renvoyé pour combattre à armes émoulues les ministres en pied, à soutirer ainsi à l'Opposition toute son énergie et toute son individualité puissante, comme on soutire l'électricité au nuage, en lui présentant la flèche et le fil conducteur qui mènent la foudre dans le souterrain. Car c'est ainsi que, depuis dix ans, l'énergie de l'Opposition, qu'on dénature par des alliances suspectes, va se perdre dans les bas-fonds de l'intrigue, ou mourir sans résultat sous les pieds du *système*. Pendant six mois la France entière a applaudi à ce langage ; la presse entière s'y est associée. Les organes du gouvernement ont tremblé et ont dénoncé cette manœuvre décisive, conseillée par nous à l'Opposition, comme une tentative révolutionnaire, — très révolutionnaire en effet, car si l'Opposition avait suivi nos conseils énergiques, le *système*, repoussé dans toutes ses incarnations ministérielles, se trouvait face à face avec le pays, obligé de se révolter ou de lui obéir. Le *système* est habile, prudent, sage, expérimenté en révolutions ; il sait que les coups d'Etat emportent les trônes ; il tient au trône par sentiment comme par principe ; il n'aurait point fait de coups d'Etat, il aurait pris conseil des circonstances, il aurait cédé au temps ; il aurait serré la main au vainqueur, et l'Opposition sérieuse serait entrée aux affaires avec ses hommes à elle, et avec les idées et les intérêts du pays. Elle aurait gouverné non pas dans le sens du trouble et de l'anarchie, mais dans le sens de la révolution organisée. La dynastie se fût un peu effacée pour laisser agir et grandir le pays constitutionnel ; les fautes énormes, commises en diplomatie par le *système*, auraient été lentement et successivement réparées. La France eût repris sa liberté de respirer au dedans et au dehors. L'Europe eût compté avec un pouvoir qui respectait le trône sans doute, mais qui ne tremblait pas tous les matins sur son existence. Ce pouvoir aurait compris que ce n'était pas au dehors , que c'était en France que ce trône devait trouver son aplomb. Voilà toute la révolution qui aurait eu lieu ; elle n'aurait écarté que deux ou trois hommes du banc des ministres , et mis dans le conseil une volonté à la place d'une autre. Quels sont donc les bons citoyens qu'une pareille révolution eût affligés ? Quelques trembleurs monarchiques , qui subissent la liberté , mais qui ne l'aiment pas , qui professent tout haut le symbole du régime représentatif, mais qui balbutient tout bas le dogme de la volonté unique, de l'impérialisme recrépi, et de l'absolutisme masqué ! Est-ce donc un si grand malheur d'affliger ces hommes ? Est-ce que depuis cinquante ans ils ne pleurent pas sur cette pauvre monarchie ? Est-ce que le monde en a moins marché ? Est-ce que la France en a moins grandi ? Ce sont les traînards de la liberté. Ce ne sont pas eux qui gagnent ses batailles , ce sont eux qui pillent les camps et qui se partagent les dépouilles. Ils auraient passé avec la victoire , comme toujours, du côté de l'Opposition.

Oui , voilà ce que nous conseillions de toutes nos forces , dans notre sphère étroite de publicité , à l'Opposition. L'Opposition ne l'a pas voulu. Nous le regrettons moins pour nous et pour elle que pour notre pays. Nous nous lavons les mains de sa faute. Nous la déplorons , mais nous n'atténuerons pas pour cela l'Opposition. On doit de la patience aux partis et des égards aux intentions. Nous comprenons ses motifs sans les approuver ; les chefs consciencieux de la Gauche se sont dit : « Nous sommes faibles en nombre ; voilà des hommes éconduits du ministère qui viennent à nous avec du talent, de l'audace, du ressentiment et du nombre ; recevons-les et pactisons de nouveau avec eux, il nous aideront à vaincre, et avec eux nous entrerons et nous ferons entrer l'Opposition aux affaires. » Ils ont oublié de se dire une seule chose : c'est qu'avec ces alliés ils ne seraient plus *l'Opposition*. C'est que, qui dit pacte, dit transaction sur les principes ; c'est que toute transaction sur les principes est une concession à un principe contraire ; c'est qu'un parti dénaturé n'est plus un parti. Ainsi, par exemple, comment l'Opposition, entrée aux affaires avec le ministre des fortifications, pourrait-elle désavouer ou désarmer les fortifications ? Comment l'Opposition, entrée aux affaires avec le ministre de la régence, pourrait-elle rectifier la régence ? Comment l'Opposition, entrée aux affaires avec le ministre des lois de septembre, pourra-t-elle abolir les lois de septembre ? Comment l'Opposition, entrée aux affaires avec le ministre qui a perdu l'affaire d'Orient, pourra-t-elle réparer les fautes d'Orient ? Comment l'Opposition, entrée aux affaires avec le ministre signataire de la note du 8 octobre, pourra-t-elle accuser et relever l'attitude de la France prise par la note du 8 octobre ? De deux choses l'une : ou l'Opposition ainsi alliée, et entrant ainsi aux affaires, renoncerait à toutes ses doctrines, répudierait tout son passé et accepterait la solidarité de tous les actes qu'elle a le plus flétris, et alors elle n'existerait plus que sous la forme d'un honteux désaveu d'elle-même ; ou, ne voulant pas se désavouer elle-même, elle sortirait des affaires aussitôt après y être entrée ; et alors elle n'aurait servi qu'à en rouvrir une troisième fois la porte aux *alliés* qu'elle s'est donnés ; ils auraient une troisième fois passé sur son corps. Apostasie ou duperie. Quels rôles ! Et cependant elle n'aurait que le choix ! Et voilà pourtant la situation où on la pousse ! et ce sont ses prétendus amis qui l'encouragent dans cette voie ! Et que feraient de plus des traîtres ? nous le demandons à la bonne foi publique.

Et cependant ce ne sont ni des traîtres, ni des hommes médiocres qui fourvoient ainsi ce grand parti de l'Opposition. Ce sont des hommes éminents, probes comme leur vie, dévoués comme leur foi, éloquents comme leur tribune. C'est leur probité même, c'est leur foi même, c'est leur talent même qui les trompe. Quand on n'a que des vertus dans le caractère, on n'est jamais séduit que par ses vertus. Ils se sacrifient à leur patriotisme. C'est admirable. Nous les honorons en les avertissant. Mais le patriotisme ne vit pas d'abnégation, il vit de fermeté.

Quant à nous, dussions-nous rester seuls, nous ne nous associerons jamais à cette tactique de nos amis. Nous ne connaissons qu'une tactique, les principes. En confondant les drapeaux on les déteint ; ce n'est pas l'harmonie qu'on produit ainsi, c'est la confusion des partis. A chacun ses hommes ! Le gouvernement, depuis 1830, en a de très éclatants, de très estimables, de très habiles. L'Opposition en a formé à sa dure école de très dignes de gouverner à leur tour leur pays et de faire prévaloir au pouvoir la politique libérale et nationale qu'ils ont éloquemment défendue. Mais c'est à la condition d'être encore au pouvoir ce qu'ils étaient dans l'Opposition de douze ans, c'est-à-dire eux-mêmes, eux seuls, eux tout entiers.

Nous comprenons mieux que personne qu'on s'allie avec le ministre de 1840 pour faire ensemble du pouvoir. Il en a les hautes et rares aptitudes, courage, impulsion, commandement. Mais nous ne comprendrons jamais qu'on soit à la fois l'homme du Pouvoir et l'allié de l'Opposition. Ce sont deux rôles qui s'excluent. Un seul homme a voulu les cumuler en Angleterre, mais il y a succombé. Malgré ses remarquables talents il a laissé une mémoire confuse, et il s'est appelé *Shaftsbury*. Les ministres de 1840 sont faits pour une meilleure destinée.

— Quant au centre gauche, c'est différent. Le centre gauche, avec les hommes jeunes, intacts et neufs qui le composent, est l'allié naturel de l'Opposition. Il la fortifie sans la dénaturer. Mais le ministère de 1840 usurpe le nom et la place du centre gauche. Il n'y a pas une des mesures et des lois du ministère de 1840 que le centre gauche n'ait combattue. Quels plus rudes adversaires que MM. Dufaure, de Tocqueville et de Beaumont, les lois de septembre, les lois de fortification et les lois de régence ont-elles rencontrés dans le parlement? Ne confondons pas les hommes dans la confusion des dénominations : les noms sont des choses.

Voilà l'opinion politique que nous avons soutenue et que nous continuerons à soutenir envers et contre tous. Quelque petite que soit la sphère où nous sommes entendus, nous n'y trahirons pas l'Oppo-

sition , même par complaisance pour ses faiblesses.
Nous ne sommes rien , nous ne sommes qu'une voix
dans le *gâchis* ; mais cette voix ne se taira ni ici ni
ailleurs. Nous n'abaisserons pas notre opposition jusqu'à ce pitoyable rôle, de servir de pivot à des
manœuvres , de marchepied à des ambitions , et de
manteau à des escamotages de popularité. Ne nous
décourageons donc pas pour être un moment mé-
connus ; l'opinion et les faits ne tarderont pas à
nous donner raison sur ce point. La logique est infail-
lible ; c'est la géométrie des idées ; quand une ligne
mène à l'absurde, ceux qui la suivent arrivent bien
vite à l'impossible. D'ici à deux ans l'Opposition aura
reconnu où on l'a conduite , elle reviendra sur ses
pas et elle sera avec nous. Elle aura, il et vrai, perdu
deux ou trois années. C'est un malheur ; mais les
peuples comptent par siècles , et le temps est pour
la Révolution.

De ce dissentiment entre l'opposition de coalition
et nous, résultent quelques autres dissentiments dans
la manière d'envisager la conduite du gouvernement.
Comme les alliés de l'Opposition , c'est-à-dire le ministère de 1840 , sont tous compromis par leur passé
et par leur avenir dans les actes contre-révolutionnaires accomplis depuis dix ans par eux au pouvoir,
il s'ensuit qu'ils sont intéressés à étouffer la discussion
sur tous ces points , et à accepter non pas seulement
les faits accomplis, comme ils disent, mais à accepter le *système accompli*. Ainsi , parlez-leur de
l'élargissement du système électoral , il lèvent les
épaules et vous disent que toute élection est bonne
qui donne majorité à leurs amis. Proposez l'adjonc-

tion des capacités et des listes du juri à l'électorat ,
ils écrivent qu'il faut étouffer sans bruit ces ferments
de liberté. Demandez la révision des lois de septembre , ils se récrient sur l'inutilité et sur les dangers
de donner plus d'air à la presse , et affirment que
leurs journaux sont assez libres puisqu'ils sont libres
de les vanter. Parlez d'atténuer les fortifications de
Paris ou de remettre l'armement à la loi seul , ils
vous renvoient aux calendes parlementaires. Provo-
quez la révision de la loi de régence et la restitution
à la nation seule du droit inaliénable de nommer
son chef dans les interrègnes , ils vous répondent que
ce qui est fait est fait, et que la monarchie doit avoir
deux sûretés pour une. En un mot , il n'y a pas une
garantie de liberté , pas une amélioration organique
du gouvernement , pas une extension d'institution ,
pas une émancipation populaire, pas un progrès
constitutionnel, pas une modification heureuse à
l'ilotisme et à la misère des masses , contre lesquels
ils n'aient ou un engagement , ou une fin de non-
recevoir , ou une objection , ou un mépris. Et qu'en
résulte-t-il ? C'est que tout le texte de l'Opposition se
trouve par eux réduit à un seul mot, et au mot le
plus antilibéral , le plus antipopulaire, le plus anti-
révolutionnaire qui existe dans la langue des hommes :
la guerre. Un mot qui détache et qui repousse le
plus de l'Opposition les intérêts et la sagesse du pays :
la *guerre !* Le mot de la Barbarie au xixe siècle : la
guerre ! Si on a pour plan de dépopulariser ainsi
l'Opposition en France et en Europe , on n'a pas
manqué son coup. Une Opposition qui réduit tout
son texte à ce mot de *guerre ,* qui ne présente aux

peuples réfléchis, occupés, industrieux, que la pers-
pective de ces grands chocs de nations dans lesquels
la liberté se voile, les dictatures militaires effacent
les constitutions, le travail tarit, les populations se
déciment, le sang coule, l'or disparaît, les idées se
taisent, les peuples reculent et les civilisations se
brisent ; une telle Opposition décrédite l'Opposition
véritable et rejette les peuples effrayés dans le giron
de tout gouvernement, même absolu, qui leur assure
au moins la paix. Et cependant les ministres de
1840, nouveaux alliés de l'Opposition, ne peuvent
pas avoir un autre texte de popularité. Comme ils
ont la main, par leur passé, dans toutes les tenta-
tives contre-révolutionnaires du système des dix ans ;
comme ils ne pourraient revenir sur leurs pas sans
rencontrer sous chacun de ses pas une loi qui les
accuse ou des paroles qui les engagent, il faut bien
qu'ils fassent diversion par quelque chose d'éblouis-
sant et de sonore à l'opinion publique, qui leur de-
nanderait satisfaction. Cet éclat et ce bruit, ils les
ont trouvés dans la *guerre ;* il leur faut du tapage
pour couvrir les reproches de leur conscience politique ; il leur faut de l'éblouissement pour aveugler
les yeux clairvoyants : ils prennent la guerre. Ils
ne la prennent pas bien au sérieux, n'ayez pas trop
peur ! Ils jouent seulement avec le brandon. Ils veulent que cela chauffe, et non pas que cela brûle.
Leur feu n'est qu'un feu d'artifice : cela s'éteint
comme cela s'allume. Si l'Europe prend ce jeu au
tragique, il y a toujours un peu d'espace derrière eux
pour reculer, et une petite note du 8 octobre dans
le fond du portefeuille pour désavouer des bravades

et accepter *l'outrage accompli !* Ce jeu leur plaît tant, qu'ils le recommencent à toute occasion. Il y a toujours en France, sous les nobles et grandes passions de la liberté et de la Révolution, un vieux levain d'impérialisme qu'on peut faire fermenter en y jetant quelque mots de fierté et quelques étincelles de gloire : on les y jette. La France est héroïque ; le pays trépigne ; le bruit du sabre sur ses pavés lui plaît ; un frisson de sa vieille gloire lui court sur le cœur. On est homme d'esprit ; on sait tout cela ; on fait sonner le talon de sa botte sur le parquet de la tribune ; on fait vibrer avec talent quelques notes de ce clavier populaire ; on s'empanache d'impérialisme ; le peuple aime à voir passer ce brillant souvenir, et il suit un moment le cortège : puis il s'aperçoit que c'est une parade, et il revient sérieux et triste au travail et à la liberté. Voilà pourtant toute l'Opposition du ministère de 1840 pendant toute une année ! Quelle campagne ! Pouvions-nous nous y associer ? Non ! Nous pouvons être des hommes un moment isolés, mais nous sommes des hommes sérieux. Nous ne jouons pas de parade devant le peuple : nous le respectons trop pour l'amuser. Loin de là, nous lui osons dire la vérité utile, même quand cette vérité n'est pas de son goût pour la semaine.

Ainsi nous n'avons pas chanté trois mois de *Marseillaise*, demandé des levées en masse, et ébranlé les piliers de la tribune, à propos de je ne sais quelle querelle de sacristie plus que de politique, entre un missionnaire méthodiste et quelques missionnaires catholiques soutenus, à tort ou à droit, par un officier français, à quelques mille lieues de la France, dans un îlot imperceptible, au fond de l'Océan. Nous n'avons pas été chercher si loin et si bas la pierre d'achoppement mille fois maudite qui doit faire trébucher la paix du monde et teindre une mer de sauvages de sang européen. Ce n'est pas sur ce misérable écueil que doit échouer la paix de l'Europe, si jamais elle doit se briser en effet. Il y a de plus nobles causes sur le Rhin, et de plus dignes proies à se disputer aux bords de la Méditerranée. Les Romains y dépeçaient des empires. Notre politique tapageuse s'acharne sur un rocher que l'Angleterre ne daigne pas même lui disputer. Vous n'avez pas voulu de la guerre quand elle était à vos portes pour une grande cause, en Orient, et vous allez la chercher à Taïti. Pourquoi? parce que vous savez bien qu'elle n'y est pas !

Ainsi encore, quand le roi est allé rendre en Angleterre sa visite à une jeune reine qui était venue l'année dernière lui présenter des gages de bonne harmonie, et effacer sous ses pas les mauvais souvenirs du traité du onze juillet, nous n'avons point accusé le ministère de laisser rendre une politesse royale au roi du peuple le plus poli de l'univers ; ni accusé le roi d'aplanir ainsi autant qu'il était en lui la route épineuse où la diplomatie a trop souvent à se heurter. Sans doute nous avons trouvé que la pendule du cabinet des Tuileries avançait de quelques semaines ; nous aurions préféré que ce voyage symptômatique fût retardé d'un mois ou deux ; nous avons blâmé le ministère de n'avoir pas héroïquement et complètement achevé l'affaire de Maroc, et obtenu , envers et contre l'Angleterre , des réparations , des garanties et des frais de guerre , avant de laisser le roi s'embarquer ; mais ce blâme tout ministériel ne nous a point rendus malveillants à cette rencontre de deux souverains représentant les hautes sympathies de deux grands peuples , et faisant fraterniser l'esprit des deux nations pardessus les rivalités des deux gouvernements. Nous sommes philosophes avant d'être politiques ; ou plutôt notre politique n'est que la philosophie de l'humanité. Nous n'avons pas épluché des paroles de paix mutuelles pour y chercher des susceptibilités, des haines ou des pièges : n'y en a-t-il pas assez entre les nations ? Nous avons applaudi franchement, sinon à toutes les expressions, du moins au sens général des discours du roi, en Angleterre. Nous nous sommes placés, pour les juger, un peu plus loin que le jour, un peu plus haut que l'esprit du parti ; au point de vue de l'avenir, c'est-à-dire au point de vue où les choses sont ce qu'elles sont ; de là ce rôle d'un roi pacifique se faisant avec quelque audace le drapeau de l'union entre les peuples pardessus les préjugés internationaux , et employant la voix de la France à proclamer le dogme de la concorde. Ce rôle nous a paru non pas timide, mais nouveau et hardi, car il est plus difficile de faire accepter la raison que la gloire à la nation française. Non, il ne nous a point paru honteux à un souverain de se servir du trône comme du point le plus élevé entre les peuples , pour y proclamer , appuyé sur trente millions de citoyens armés, le désir de l'harmonie européenne, le vœu de la paix durable et le dogme du respect pour le sang humain et du bonheur des nations : un roi, dans ce rôle, s'élève à la hauteur d'un philosophe. Nous ne faisons point d'opposition à la philosophie, même quand elle s'incarne par hasard ou par bonheur dans la personne d'un roi.

Dans tout le reste, nous avons soutenu à peu près les mêmes thèses que l'Opposition. Il n'y a qu'une différence entre nous : c'est que nous n'attendons pas mieux du ministère qu'elle prépare et qu'elle couve, que du ministère qu'elle attaque. La cause de la liberté cherchant son vengeur dans le ministre des lois de septembre, et la cause de la dignité nationale personnifiée dans le ministre de 1840, et remise dans la main qui a rappelé la flotte et signé la note du 8 octobre ! cela nous paraît quelquefois pousser la plaisanterie trop loin, et affronter un peu insolemment le bon sens du pays. Mais enfin, si le pays le souffre, et si cela amuse l'Opposition, nous n'avons rien à dire. Dans une comédie on prend tous les rôles. Il y a de la comédie dans nos affaires. Nous avons le tort de prendre la liberté, la révolution et la grandeur de notre nation au sérieux. C'est un tort, mais c'est un tort que l'histoire partagera avec nous. Ne nous en plaignons pas trop.

— Quant à la tendance générale de la rédaction, un seul mot à dire, mais il est utile. On s'est trompé sur les intentions du Journal en matière religieuse. La loyauté des intentions des rédacteurs devrait être une réponse suffisante aux scrupules d'une partie du public. Avons-nous besoin de déclarer une seconde fois très haut la pensée des fondateurs de ce Journal? Cette pensée, la voici :

La politique n'est que le corps des sociétés humaines ; les religions en sont l'ame. Flétrir le sentiment religieux dans l'humanité, c'est le viol de l'ame ; décréditer ce sentiment dans les masses, c'est les dégrader au-dessous de l'esclave, qui a un maître sur la terre, mais qui a du moins un Dieu dans ses pensées : c'est livrer le peuple, sans consolateur et sans vengeur, à la profanation et à la servitude sous tous ses tyrans. Il n'y a donc qu'une politique antipopulaire qui puisse être irréligieuse. Le libéralisme et la religion, c'est la même chose dans le cœur du vrai politique ; car la liberté ne puise son droit divin que dans le ciel. Que serait O'Connell s'il n'avait pas Dieu derrière lui? Voilà nos doctrines : ce sont celles de Platon et du Christ, comme celles de Fénélon et de Mirabeau. Le sentiment religieux est tout l'horizon de l'humanité ; lui seul ouvre aux sociétés comme aux individus les perspectives de l'infini. Enlever aux hommes cet horizon, c'est les emprisonner dans un cercle de mouvement sans grandeur et d'agitation sans but. Si Dieu n'est pas au terme du chemin, à quoi bon marcher? Ce sentiment est le seul qui soulève les masses au-dessus de leurs misères, et les heureux au-dessus de leur égoïsme. C'est le patriotisme de l'éternité. Nous briserions notre plume, si elle avait jamais sali dans une ame la seule idée qui donne un sens à la politique et un but à la civilisation.

De plus, un journal politique est une tribune, ce n'est pas une chaire. Si on éprouve le besoin de

formuler aux hommes un dogme nouveau, on monte
sur les hauts lieux, on écrit un livre, on parle au
nom de Dieu, on devient sectaire, apôtre ou mar-
tyr. C'est beau ; mais ce n'est pas le rôle d'un journal politique, écrit ou pensé solidairement par une
réunion de simples citoyens. Nous ne sommes, dans
un journal, ni croyants, ni sceptiques, ni catholiques, ni protestants, ni gallicans, ni ultramon-
tains : nous sommes libéraux ! Notre seule profession de foi, c'est celle de la philosophie et de la
Révolution : la liberté pleine et sincère des consciences. Sans celle-là, les autres libertés ne seraient
que des facultés stériles, des libertés civiles et maté-
rielles ; celle-là seule est la liberté de l'ame. C'est
elle seule qui établit entre les cultes la loi équitable
de la concurrence, et qui laisse Dieu, la Raison où
la foi rayonne librement dans les intelligences, sans
que le pouvoir, persécuteur ou partial, mette la
main entre l'homme et le rayon divin. Cette liberté,
nous voulons la conquérir complète et pratique.
Nous ne voulons pas plus de contre-révolution en
religion, que nous ne voulons de contre-révolution
en politique ; pas plus de contre-révolution par la
violence, que de contre-révolution par la conni-
vence et la faiblesse du pouvoir. On n'enchaîne pas
moins la liberté avec des chaînes d'or qu'avec des
chaînes de fer. Po'nt de faux poids dans la balance
où l'homme pèse culte contre culte, foi contre foi,
dieu contre dieu. Qne le Pouvoir y mette une gêne
ou une faveur, le poids est également faux. La religion doit être dans l'homme le tribut volontaire
de sa pensée libre et convaincue, et non le tribut

forcé du budget, frappé au coin de la loi et marqué à l'effigie de César.

— Et cette liberté, nous entendons qu'elle soit large et bienveillante pour toutes les manifestations de la piété chez les hommes. On a dit, dans une expression mystique et sublime, que la prière était la respiration de l'ame. Il faut que l'humanité respire largement. Il ne faut pas mesurer l'air à l'ame des populations !

Peut-on soupçonner des hommes qui ont nourri toujours leur politique de doctrines si élevées, de vouloir flétrir dans les autres la pensée qui les soutient eux-mêmes ; de jeter le ridicule sur les convictions comme la boue sur les images ; de chercher le scandale dans le temple ; d'aboyer à la robe de tous les sacerdoces, et de déchirer le voile inviolable des consciences pour y découvrir les taches ou la nudité des religions ? Un tel rôle est trop vieux d'un siècle ; il ne convient ni au temps, ni à nous. Ce n'est plus l'heure de saper, c'est l'heure d'éclairer le sanctuaire. La religion et la liberté sont du même sang : il faut qu'elles grandissent ensemble.

Telle est la récapitulation de cette année d'existence de votre modeste journal ; telle est la route que ses fondateurs lui tracent pour l'année suivante. Tout petit que soit le foyer, il a sa lueur ; et il ne faut pas le laisser étouffer sous la cendre. Un temps peut venir où le pays aura besoin de rallumer son patriotisme à toutes les étincelles. Ne désespérez jamais du bon sens en France.

Les hommes superficiels se désintéressent et se découragent de la politique en voyant le gouverne-

ment rentrer peu à peu dans l'ornière des vieilles monarchies, et y entraîner, sans beaucoup d'efforts, le pays à sa suite. Les politiques rétrogrades triomphent et disent : « Voyez, ils font comme
« nous ; ils prononcent les mêmes mots ; ils se ser-
« vent des mêmes prestiges sur le peuple ; ils font
« les mêmes pactes avec les mêmes vieilleries. Ils
« s'appellent légitimes ; ils refont des noblesses en
« attendant qu'ils puissent refaire des aristocraties;
« ils parodient des titres ; ils singent des féodalités;
« ils jouent aux conquêtes ; ils flattent les théocra-
« ties ; ils déifient le vieil impérialisme; ils dé-
« daignent la Révolution comme une mère qui les
« fait rougir et qu'ils ne reconnaissent plus quand
« on la nomme! Les nations n'ont pas deux ma-
« nières d'exister. La routine est la loi du monde.
« Ils peuvent changer leurs dynasties, ils ne chan-
« geront pas leur nature. La France voit, entend
« tout cela et se laisse faire. Nous retournons au
« point d'où nous sommes partis, et la dernière
« victoire de la Révolution est le premier pas d'une
« contre-révolution qui commence ! Honte et dé-
« ception aux idées libérales ! Elles sont convain-
« cues de mensonge par ceux-là mêmes qu'elles ont
« portés au pouvoir. » Ainsi parlent les incré-
dules à la liberté, et ils battent des mains à cette grande apostasie de la Révolution.

C'est triste ; mais rassurons-nous. Ces hommes se trompent. Le temps ne donnera pas de démenti au sang de tant de milliers d'hommes, qui en ont arrosé les germes de la liberté du monde et des institutions populaires. Le temps est pour la Révolution, car c'est lui qui l'a faite. Mais voici ce qui trompe ces hommes :

Il y a dans le mouvement des choses humaines des courants et des contre-courants comme dans les grands fleuves. Il y a des moments où les idées, comme les eaux, semblent revenir en arrière et remonter pour ainsi dire vers leur source. Les hommes qui sont sur le rivage et qui contemplent ce phénomène s'y laissent tromper au premier coup-d'œil; ils croient voir le fleuve rebrousser chemin. Il en est de même dans les choses politiques. On dirait parfois que le temps reflue et que les opinions, les idées, les faits, les religions, les institutions reviennent au point de départ où les révolutions les avaient prises : c'est un mirage. Cela n'est vrai que sur le bord des choses, pour un point et pour un jour ; cela s'appelle en politique une réaction. Nous sommes dans une réaction, mais pendant que ce mouvement rétrograde éblouit et entraîne les irréfléchis et les faibles, le grand courant, qui suit sa pente au plus profond de l'esprit public, continue sourdement et silencieusement son cours, entraînant les hommes et les choses au but que le progrès des nations leur a une fois montré. Rien ne recule, hommes du Pouvoir, excepté vos pensées !.. Voilà notre situation. Les hommes de la réaction antilibérale triomphent. Quant à nous, nous savons que l'esprit humain coule dans un sens opposé, que ces fausses apparences trompent les gouvernements, et qu'en suivant ces contre-courants d'un siècle, on n'arrive pas, on échoue.

LAMARTINE.
